IFRS

小売業のための基礎からわかるIFRSのポイント

新日本有限責任監査法人
小売セクターナレッジ IFRS分科会 ［編］

清文社

刊行にあたって

　本書は、一般的なIFRSの解説書ではなく、小売業に特化したIFRSの解説書です。

　現在、我が国において再びIFRS（国際財務報告基準）に対する企業の関心が高まってきています。近年、IFRSの任意適用が可能な会社の要件が緩和され、任意適用会社の範囲が拡大されたことや企業のグローバル化の進展により、一時的にIFRS導入プロジェクトを中断させた企業でも、徐々にIFRS導入プロジェクトを復活させる傾向にあります。このような状況を受け、IFRSを導入するとどうなるのか、どのような論点があるのか、IFRS導入プロジェクトをどのように進めていけば良いのかなどの疑問や不安を多くの企業の方々が再び抱き始めていることと思います。

　IFRSに関する多種多様な出版がなされ、いろいろな視点からIFRSに関する情報が解説されていますが、特定業種に特化した解説書は少ないと思われます。そのような状況の中で、本書を小売業に特化したIFRS解説書として刊行しました。

　IFRSが小売業に与える影響から始まり、小売業に特化したIFRS論点を解説し、最後にIFRS導入までの実務的なノウハウを解説する内容としています。執筆にあたっては、文章に加えて、図表を用い理解しやすいようにまとめています。また、本文解説をより良く理解頂くために必要となる基本的な考え方や知識の整理をコラムにて紹介しています。IFRS導入に取り組まれる小売業の経営層の方、IFRSプロジェクトメンバー、経理部門およびその他部門の方々

にとって、小売業の特徴ある課題検討に活用できる実務書として、わかりやすくまとめました。

　本書が経営層の方からIFRS導入に取り組まれる小売業のさまざまな方々にとって、小売業におけるIFRSの特色を理解し、検討推進していく上で少しでもお役に立てば幸いであります。

　最後に、刊行にあたってご尽力いただいた、清文社の鶴崎 敦氏、大久保彩音氏にこの場を借りて御礼申し上げます。

2015年11月

新日本有限責任監査法人
理事長　英　公一

第1章 IFRS導入が小売業に与える影響

1. 再び注目を集めるIFRS 2
2. IFRSは大企業だけのものではなかったの？ 4
3. ところで、IFRSとは？ 6
4. IFRSを導入すると財務諸表はどう変わる？（本表編） 8
5. IFRSを導入すると財務諸表はどう変わる？（注記編） 10
6. IFRSを導入すると財務諸表はどう変わる？（本質にせまる！） 12
7. IFRS導入で小売業の財務諸表はどうなるの？ 14
8. 連結財務諸表が変わるとどうなるの？ 18
9. 経営者への影響 20
10. CFOへの影響 22
11. その他の部署への影響 24

第2章 小売業におけるIFRSの論点Q&A

第1節 売上高 28

- **Q1** 総額表示・純額表示（考え方） 28
- **Q2** 総額表示・純額表示（本人であることを示す指標） 30
- **Q3** 総額表示・純額表示（消化仕入） 32
- **Q4** 総額表示・純額表示（返品条件付き仕入） 34
- **Q5** 総額表示・純額表示（外商売上） 36
- **Q6** テナントから受け取る受取家賃 38

- **Q 7** 売上計上時期（ギフト販売） 40
- **Q 8** 売上計上時期（通信販売） 42
- **Q 9** 通信販売における返品 44
- **Q 10** 店頭での商品販売における返品 46
- **Q 11** カスタマー・ロイヤルティ・プログラムとは 48
- **Q 12** カスタマー・ロイヤルティ・プログラム（総論） 50
- **Q 13** カスタマー・ロイヤルティ・プログラム（来店ポイント） 54
- **Q 14** カスタマー・ロイヤルティ・プログラム（第三者が提供する特典） 56
- **Q 15** 追加的な商品に対する顧客の権利（クーポン） 62
- **Q 16** 製品保証 64

第 2 節 | 棚卸資産 68

- **Q 17** 棚卸資産の原価の範囲 68
- **Q 18** 棚卸資産の範囲（貯蔵品） 70
- **Q 19** 棚卸資産の範囲（広告宣伝関連の支出） 72
- **Q 20** 売価還元法（総論） 74
- **Q 21** 売価還元法（適用条件） 76
- **Q 22** 売価還元法（グルーピング） 78
- **Q 23** 原価配分方法の統一 80

第 3 節 | 有形固定資産 84

- **Q 24** 減価償却方法の決定 84
- **Q 25** 減価償却単位 86
- **Q 26** 耐用年数の決定 88
- **Q 27** 耐用年数の決定（改装サイクル） 90
- **Q 28** 借入費用の資産化（総論） 92
- **Q 29** 借入費用の資産化（借入費用の範囲） 94
- **Q 30** 借入費用の資産化（資産計上すべき期間） 96

第4節 リース 98

- **Q31** 借地権の会計処理 98
- **Q32** 契約にリースが含まれる場合 100
- **Q33** オペレーティング・リース 102

第5節 投資不動産 104

- **Q34** 投資不動産とは 104
- **Q35** 複数用途の投資不動産 106

第6節 資産の減損 108

- **Q36** 減損テストのプロセス 108
- **Q37** 減損の兆候とは 110
- **Q38** 減損の兆候(より広範囲の状況に基づく検討) 112
- **Q39** 減損の兆候(純資産と時価総額の比較) 114
- **Q40** 減損の戻入の兆候 116
- **Q41** のれんの会計処理 120

第7節 投資有価証券 122

- **Q42** 持合株式の会計処理(持合株式の含み損益の計上方法) 122
- **Q43** 持合株式の会計処理(日本基準との処理の違い) 124
- **Q44** 非上場株式の評価(事前準備) 126
- **Q45** 非上場株式の評価(評価技法) 128

第8節 ヘッジ会計 130

- **Q46** 金利スワップ 130
- **Q47** 為替予約の振当処理 132

第9節 従業員給付 134

- **Q48** 有給休暇引当金(考え方) 134
- **Q49** 有給休暇引当金(計算方法) 136
- **Q50** その他の従業員給付の洗い出し 138

第3章 小売業におけるIFRSの導入

第1節 導入の進め方〜導入実務のポイント〜 143

1. 先行事例が蓄積されていることを心強く考えること 144
2. アドバイザーの選定は、今後のプロジェクト全体の良否を左右するので、慎重に検討すること 145
3. 影響度調査がポイントを押さえているかが、今後のプロジェクトの肝であることをよく認識すること 146
4. 海外子会社の決算期統一については早期に着手すべしと考えること 148
5. グループ会社を早期に巻き込むこと(すべての会社で同様の会計処理の適用が要求される) 149
6. 短期間で終わらせることを強く意識すること 150
7. IFRS適用後のランニングコストの増加を意識すること 151
8. IFRS導入に向けたトップメッセージの重要性を認識すること 152
9. どこまで深堀りするか常に意識すること 153
10. コンセプトを明確にしておくこと 154

第2節 影響度調査 156

1. 影響度調査とは? 157
2. 影響度調査の方法 159

　　　　［1］調査範囲の決定　159
　　　　［2］調査方法の決定　162
3．**影響度調査の計画の策定**　166
　　　　［1］マイルストーンの明確化　166
　　　　［2］実施内容の明確化　167
　　　　［3］役割分担の明確化　167
　　　　［4］工数見積りの実施　167
　　　　［5］実施日程の調整　167
4．**業務プロセスへの影響**　169
　　　　［1］IFRS導入が業務プロセスへ及ぼす影響　169
　　　　［2］影響度調査の段階で実施すべき事項　170
　　　　［3］影響が及ぶ可能性があるプロセスの紹介　171
5．**情報システムへの影響**　173
　　　　［1］IFRS導入がシステムへ及ぼす影響　173
　　　　［2］影響度調査の段階で実施すべき事項　174
　　　　［3］影響度調査後の対応過程の概要　175
6．**影響度の評価**　177

第3節　導入計画の策定　182

1．**導入時期はいつ？**　183
　　　　［1］導入時期を明確にすることの意義　183
　　　　［2］一般的な導入までのスケジュール　184
　　　　［3］導入時期の決定のための考慮要素　185
2．**意思決定プロセスの確立**　186
3．**基本方針の策定**　189
　　　　［1］IFRS導入に係る会社の全社的な目標の決定　189
　　　　［2］基本方針の決め方　190
4．**影響度調査によって発見された課題の整理**　196
5．**全体計画の策定**　198

[1]全体計画の策定手順　199

　　　[2]全体計画からの遅延要因　199

6．**プロジェクト体制の構築**　202

　　　[1]IFRSの導入に係るプロジェクト体制の構築　202

7．**個別計画の策定**　205

8．**海外拠点への対応**　209

9．**会計監査人との接し方**　215

第4節 │ 対応策の検討・立案　218

1．**GAAP差に対する具体的な調査方法**　219

2．**アカウンティングポリシー**　231

　　　[1]アカウンティングポリシーを決める　232

　　　[2]アカウンティングポリシーの文書化　235

3．**IFRSで求められる書類の整備**　237

　　　[1]各種整備書類　237

4．**開示スケルトンの作成・開示情報の収集方法の決定**　239

　　　[1]開示に対する早期対応の必要性　239

　　　[2]スケルトン財務諸表の作成　242

5．**内部統制上への影響～業務プロセスの変更～**　248

　　　[1]業務プロセスの見直しに伴う内部統制の構築　248

　　　[2]JSOX対応　250

6．**システムでの対応事項の決定・変更**　251

7．**初度適用**　253

　　　[1]初度適用とは　253

　　　[2]IFRS第1号の内容　254

　　　[3]遡及適用の免除規定　254

　　　[4]免除規定を賢く活用する　255

8．**トライアルの実施**　256

第5節 導入 259

1. **アカウンティングポリシーの完成・配布** 260
   - [1]アカウンティングポリシーの配布 260
   - [2]アカウンティングポリシーの改修や質問事項への対応 260
2. **IFRS調整仕訳の作成** 262
   - [1]集計・評価 262
   - [2]従来の会計基準とIFRSの調整表 264
   - [3]調整表に関する他社事例の紹介 265
3. **プロセス及びシステムの評価** 266
   - [1]業務プロセスの見直しに伴う内部統制の運用評価 266
   - [2]システム改修を行ったことにより得られる情報の適切性 267
4. **開示する書類の紹介** 268
   - [1]作成すべき書類 268
   - [2]決算スケジュールの策定 269
   - [3]IFRS連結財務諸表の開示のタイミング 270

第6節 導入後の対応 273

1. **IFRS適用範囲の拡大** 273
   - [1]対象範囲の拡充 273
   - [2]新基準対応 273
2. **開示精度の向上** 274
   - [1]対象範囲の拡充 274

第1章

IFRS導入が小売業に与える影響

1．再び注目を集めるIFRS

● 増えてきているIFRS任意適用会社

　政府自民党が2016年年末までに300社程度の企業がIFRSを適用する状態になる目標を含んだ「提言」を2013年6月に発表して以来、再びIFRSに注目が集まっています。2015年6月10日現在、IFRSの任意適用会社は43社あり、今後の任意適用を発表した企業も43社あります。

　また、2015年3月末以降、決算短信において「会計基準の選択に関する基本的な考え方」を開示することが全上場会社に求められるようになりましたが、これは、東京証券取引所によるIFRS任意適用企業の拡大促進のための取組みによるものです。

　このように、IFRSは少しずつ確実に私たちに近づいてきています。今まさに、各企業において、自社へのIFRSの影響を今一度確認し、今後の波に備える時期と言えるでしょう。

● 小売業におけるIFRS任意適用

　近年小売業においても徐々にIFRS任意適用企業が出てきています。ユニクロ等を運営する株式会社ファーストリテイリングが2014年8月期より任意適用したほか、丸亀製麺等を運営する株式会社トリドールも2015年3月期より任意適用しています。また、ガスト、ジョナサンを営む株式会社すかいらーくは、2014年10月にIFRSを適用して東京証券取引所市場第一部に株式を上場しました。

第1章
IFRS導入が小売業に与える影響

【IFRS任意適用会社数推移】

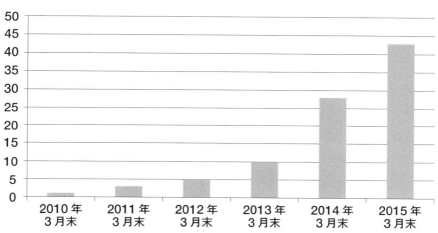

【決算短信で開示されているIFRSに対する取組み方針の例】

会社名	平成27年3月期における短信の記載内容
㈱三越伊勢丹ホールディングス	当社グループは日本基準を適用しております。将来のIFRS（国際財務報告基準）の適用について、国内外の動向も踏まえて、適切に対応していく方針であります。
㈱エディオン	当企業グループは、現在日本国内に限定して事業を展開しており、現時点では海外への事業拡大の計画がないことから、当面は日本基準を採用することとしております。 今後は、当企業グループの事業展開や外国人株主比率の推移、同業他社の動向などを踏まえつつ、国際財務報告基準（IFRS）の適用の検討を進めていく方針であります。
㈱ヤオコー	当社グループは、財務諸表の期間比較可能性及び企業間の比較可能性を考慮し、会計基準につきましては日本基準を適用しております。なお、国際会計基準の適用につきましては、国内外の諸情勢を考慮の上、適切に対応していく方針であります。

2．IFRSは大企業だけのものではなかったの？

● 進むIFRS任意適用の環境整備

　より多くの企業がIFRSを任意適用できるよう環境整備も進められています。IFRSは当初は任意適用要件がグローバル企業に限定されていましたが、その要件が撤廃され、営業拠点が国内に限られた企業でも適用できるようになりました。

● IFRS任意適用のメリットとは

　一般的には「経営管理の高度化」「同業他社との比較可能性の向上」「海外投資家への説明の容易さ」等が任意適用のメリットとして挙げられます。小売業では国内事業だけを行っている会社も多いですが、このメリットはグローバル企業だけのものでしょうか。

　現在、東京市場で最も影響力があるのは外国人投資家です。その株式保有比率は3割を超え、日々の売買高の約6割を占めています。そんな中、新たに2014年から公表されているJPX日経インデックス400では、外国人が注目するROE（株主資本利益率）等を銘柄選定基準とし、経営状態が優良な企業をジャスダック上場企業からも選んでいます。小売業では、ジャスダック上場の100円ショップの株式会社セリアなども400社に名を連ねていますが、実はその選定基準の中に「IFRSの採用」が定性的加点要素の一つとして挙げられているのをご存知でしょうか。

　さまざまな投資家により魅力的な企業となることを目指している企業にとっては、注目されるROE経営とともにIFRSの採用もその魅力向上の手段の一つであると言えそうです。

第 1 章
IFRS導入が小売業に与える影響

【株式保有比率の推移（東京証券取引所の統計データを加工）】

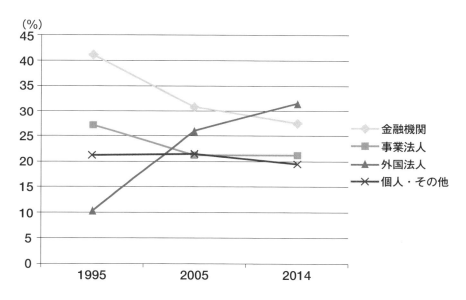

社長。外国人株主の保有比率がどんどん増えてきているようです。

どうすればわが社の株も買ってくれるだろうか。

3．ところで、IFRSとは？

　IFRSとは、国際財務報告基準（International Financial Reporting Standards）の略称で、財務諸表作成に関する国際的会計基準のことです。

● 財務諸表ってなんだろう

　企業にとって財務諸表とは、さまざまな利用者のために定期的に作成される、企業活動の結果を数値で表した外部報告書です。投資家や債権者及び取引先、従業員等、さまざまな利用者が会社を理解するために財務諸表を利用しています。

● 会計基準ってなんだろう

　財務諸表の作成に関する一定のルールが会計基準です。財務諸表の作成ルールを個々の企業が独自に決めていたのでは、利用者はそのルールを理解するのに時間がかかってしまいます。また、財務諸表はしばしば他社のものと比較して利用されます。そのため、財務諸表の信頼性や比較可能性を確保するために定められたのが会計基準です。歴史的には、各国それぞれの会計基準設定主体がルールを定めてきました。

● IFRSってなんだろう

　元々は各国で設定されてきた会計基準について、「単一で高品質な国際基準の策定」を目的として、国際会計基準審議会（IASB）という組織が設定主体となり決められた会計ルールが、IFRSです。

　2005年から欧州連合（EU）加盟国を中心に採用されたのを皮切りに、今では世界100以上の国や地域で採用されており、まさに会計基準の世界標準となっている会計基準です。

第1章
IFRS導入が小売業に与える影響

【連結財務諸表作成に適用される会計基準】

＊2000年頃

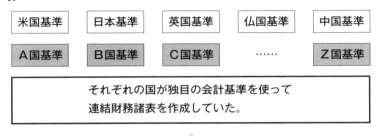

＊現 在

4．IFRSを導入すると財務諸表はどう変わる？（本表編）

　まず、(1)貸借対照表、(2)損益計算書、(3)包括利益計算書、(4)株主資本等変動計算書、(5)キャッシュ・フロー計算書、(6)注記が、財務諸表の構成要素であることは、日本基準・IFRSにおいてほぼ同じです。しかし、それぞれをどのような形式で表示するか、ということになると大きく差異が出てきます。

● 記載様式が詳細に統一されていないIFRSの財務諸表

　日本基準においては、表示の様式や科目をどこまで細かく独立表示するかどうかの数値基準などが規則等において詳細に定められています。他方、IFRSは財務諸表の構成や内容について最低限の要求事項のみを規定しており、表示の様式や数値基準などの詳細な定めはありません。そのため、IFRS財務諸表は本表については日本基準に比べシンプルに開示されることが一般的です。

　また、財務諸表の見た目や科目の並びについて日本基準ではどの会社も同じなのに対して、IFRSでは会社ごとに違うことがあります。

● 特別損益がなくなる！

　IFRSの損益計算書には特別損益がありません。いかなる収益・費用項目も、本表や注記に異常項目として表示してはいけない、と規定されているためです。したがって、しばしば小売業で計上される減損損失もIFRSでは営業損益区分に表示されます。また、経常利益という概念もありません。

第1章 IFRS導入が小売業に与える影響

【ファーストリテイリング社の連結損益計算書本表で開示された情報の比較】

平成25年8月31日で終了した連結会計年度	
日本基準	IFRS
売上高	売上収益
売上原価	売上原価
売上総利益	売上総利益
販売費及び一般管理費	販売費及び一般管理費
営業利益	その他収益
営業外収益	その他費用
受取利息及び配当金	営業利益
為替差益	金融収益
還付加算金	金融費用
違約金収入	税引前利益
その他	法人所得税費用
営業外収益合計	当期利益
営業外費用	
支払利息	当期利益の帰属
為替差損	親会社の所有者
その他	非支配持分
営業外費用合計	合計
経常利益	
特別利益	
固定資産売却益	
特別利益合計	
特別損失	
固定資産除却損	
減損損失	
投資有価証券評価損	
その他	
特別損失合計	
税金税等調整前当期純利益	
法人税、住民税及び事業税	
法人税等調整額	
法人税額合計	
少数株主損益調整前当期純利益	
少数株主利益	
当期純利益	

IFRS財務諸表の本表は確かにシンプルだね。

5．IFRSを導入すると財務諸表はどう変わる？（注記編）

● **注記量が圧倒的に多い！**

　IFRSの注記では、財務諸表利用者が財務諸表を理解・利用・分析するために必要・有益な情報をより多く開示することが要求されます。また、シンプルな本表を補うため、財務諸表数値の内訳や増減表等も多く要求されます。その結果、日本基準に比べIFRSの注記は数字（定量的情報）も文字（定性的情報）も多く、全体のボリュームが多くなるのが一般的です。

　例えば、ファーストリテイリング社の2013年8月期の日本基準の連結財務諸表において、注記は28ページでした。これに対してIFRS適用初年度の2014年8月期の注記は（初度適用に関する注記を除いても）51ページに増えています。いかにIFRSの注記の分量が多いか、感じていただけるのではないでしょうか。

● **将来情報・リスク情報**

　「財務諸表を理解・利用・分析するために必要・有益な情報」とはどのようなものでしょうか。一つの例は、「感応度分析」と呼ばれるもので、例えば「ユーロ、USドルが円に対して1％円高になった場合の損益への影響額」など、為替の変動に関するリスク情報に基づく開示です。日本基準ではこのような仮定に基づく影響額の開示に関する要求はありません。IFRSが、定型的な過去情報やその説明だけではなく、個々の企業の実情に合わせたリスク情報をより積極的に開示させようとしていることの表れです。

第1章
IFRS導入が小売業に与える影響

【為替感応度分析の注記例（ファーストリテイリング、2014年8月期）】

　各報告期間において、ユーロ、USドルが円に対して1％円高になった場合の、当社グループの当期利益及びその他の包括利益に与える影響額は以下の通りです。

　計算にあたり使用した通貨以外の通貨は変動しないものと仮定しております。

	前連結会計年度 （自　平成24年9月1日 　至　平成25年8月31日）	当連結会計年度 （自　平成25年9月1日 　至　平成26年8月31日）
平均為替レート（単位：円）		
USドル	89.83	101.54
ユーロ	117.30	138.20
当期利益（単位：百万円）		
USドル	△430	△613
ユーロ	△48	△42
その他の包括利益 （単位百万円）		
USドル	△9,820	△8,933
ユーロ	△8	△5

こんなケーススタディのような開示も求められるのか…

6. IFRSを導入すると財務諸表はどう変わる？（本質にせまる！）

● **IFRSは貸借対照表をより重視した基準！**

　日本では、財務諸表において会社の過去の経営成績、その中でも通常の経済活動から反復的に生じる利益を指す経常利益がより重視されます。また、会計処理は「保守主義」を重視する傾向が強く、判断や恣意性を避ける、費用は早めに計上する、という規定や慣行が多いのが特徴です。

　他方、IFRSでは貸借対照表、特に企業の期末時点の将来の収益獲得能力やリスクの評価をより重視します。資産や負債はより計上範囲が広く、公正価値で評価されるものが多くなる特徴があります。また、会計処理に求められる「慎重性」は、偏りのない公正な判断を求めるもので、判断を避ける、費用を早めに計上する、という保守主義とは異なる概念です。

● **原則主義というIFRSの考え方**

　経理実務担当者にとって日本基準は便利な基準です。詳細で明確な基準に従えば、財務諸表作成作業を進めることが比較的容易です（細則主義）。

　他方、IFRSでは、基準の要求はより概念的（原則主義）で、個々の会計処理についての数値基準や簡便法の規定はありません。会社は、個々の取引の処理や開示を決定するため、その経済実態とIFRSの基準の規定・趣旨を十分に理解し、「最善」と考える会計処理を選択することが求められます。そのため、財務諸表作成作業に、上位者の関与がより多く必要となります。

　また、選択した処理の概要、用いられた判断や仮定とその根拠、判断や仮定の選択にどのようなリスク・業績への潜在的な影響があるか等について、より積極的で広範な開示を行うことが求められます。それが、IFRS財務諸表の注記量が多くなる傾向にある本質的な理由です。

第1章 IFRS導入が小売業に与える影響

【基準の特徴】

日本基準
・(経常)利益重視
・細則主義
・保守主義

⇔

IFRS
・貸借対照表重視
・原則主義
・公正価値評価

【「原則主義」で作成されるIFRS財務諸表】

原則主義に照らして会計方針を選択する

ポイント
① 各企業の判断で、経営の実態をより適切に表す会計方針を選択する。
② 選択した重要な会計方針についてより拡充された開示要求に応える。

7. IFRS導入で小売業の財務諸表はどうなるの？

　IFRSの採用は小売業の財務諸表にどのような影響を与えるのでしょうか。ここでは典型的な項目をいくつか取り上げてみましょう。

● 売上は激減する可能性あり？

　例えば、ショッピングモールについて、日本ではそのモール全体での売上を、モールを運営する小売業者の損益計算書において収益として認識することが一般的ですが、IFRSを採用するとテナントの売上や、委託や消化とよばれる取引については、その利益部分しか収益に含めることができなくなり、小売業者の売上は大きく減少してしまう可能性があります。

● ポイント付与は売上高の減少？

　家電量販店等で販売時に顧客に付与されるポイントについて、日本基準では費用として計上されるケースが多いですが、IFRSでは売上から控除することとされているため、売上高はより小さくなる可能性があります。

● 業績不振店舗の減損リスクが高まる？

　新店・改装をはじめとする投資の結果、小売業が保有する多くの店舗資産について、不採算店舗などで含み損が発生している場合、その損を、発生した期の損益計算書で計上させるいわゆる「固定資産の減損会計」について、IFRSでは日本基準よりもより早期に損失計上させる規定があります。

　詳しくはまた**第2章**で見ていきたいと思いますが、ルールが変わると数字も大きく変わる、小売業もまた例外ではない、ということがおわかりいただけたでしょうか。

第1章
IFRS導入が小売業に与える影響

【１．売上金額への影響】

あるモール店にて

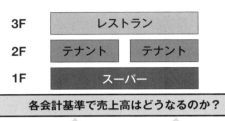

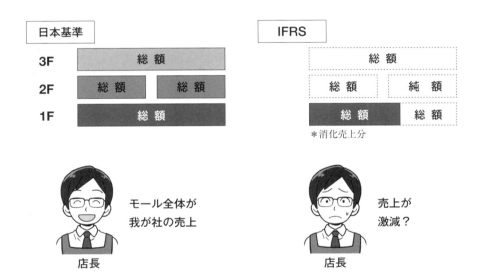

【2．ポイントの会計処理】

例：100円の物を現金販売し、2円分のポイントを付与したケース

●これまで（日本基準）
　① 売上（現金）は100円
　② 別途費用（ポイント2円分）を計上

●IFRS
　① 売上は98円
　　 現金は100円
　　 差額の2円は繰延収益

ポイントを付与すると売上が減少してしまう！

経営者

第1章
IFRS導入が小売業に与える影響

【3．店舗資産の減損】

例：投資 120 万円
　　割引前将来 CF　200 万円
　　割引後将来 CF　150 万円
　　その後、他店の出店により将来 CF が 30%下落したケース

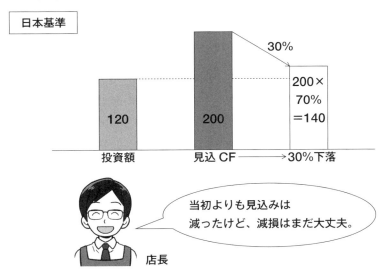

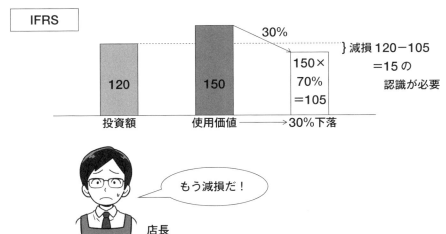

8．連結財務諸表が変わるとどうなるの？

　IFRSになると財務諸表の形、情報が変わってくるということになります。それにより、これを利用する投資家に影響を与えるほか、経営・ビジネスそのものにも影響を及ぼすことが想定されます。

● 投資家への影響

　投資家への影響としては、「注記情報の増加による意思決定材料の増加」「海外企業との比較可能性の向上」という2点が影響として考えられます。注記情報における定性的情報の増加により、日本基準と比べより経営判断を理解しやすくなるほか、より詳細なリスク情報により、投資判断に影響を与える可能性があると考えられます。

　また、海外の投資家からは財務諸表の信頼性が高まり、投資判断としての財務数値等をより有効利用することが可能となることが考えられます。

● 経営・ビジネスへの影響

　IFRS導入は単なる会計基準の変更による差異調整にとどまらず、ビジネス全般において多面的な影響があります。すなわち、導入した会社においては経理部門はもちろんのこと、経営者、経営企画室、財務部、人事部、監査部などの管理部門や、営業部門や製造部門においても導入についての影響があると考えられます。

　IFRS導入に当たっては、ビジネス、財務報告プロセス、内部統制及び情報システムの変更、従業員の教育研修、IFRSによる影響を踏まえたビジネス上の意思決定等のさまざまな要因をカバーする必要があります。

第1章
IFRS導入が小売業に与える影響

【投資家にとっての影響】

【経営・ビジネスにとっての影響】

9．経営者への影響

● 利害関係者への説明責任の増大

　IFRSは原則主義であり、会計処理に関して、詳細な数値規定が日本基準より少ないと言えます。特に見積り項目については、経営判断が会計に反映され、財務諸表が作成される傾向が強いため、より積極的な説明責任を果たす必要があると考えられます。

● 開示を意識した経営の必要性

　投資家等にリスク情報などの開示を評価されること等に留意した経営が必要になることが考えられます。IFRSを導入することを契機にリスク等に対する積極開示と説明責任の両立を行っていくことも考えられます。

　また、他の国であっても、会計基準としてIFRSを採用している会社であれば、自社との比較がより容易になることが考えられます。他の国にある同業他社との財政状態や収益構造の違いを分析するために、必要な情報を提供することも考慮に入れる必要があるでしょう。

● グループにおけるガバナンス強化

　IFRSでは、会計方針の統一や決算期の統一が日本基準より厳密に求められます。したがって、IFRS導入にあたり、経営者はグループ会計基準の構築やより統一化された決算財務フローを実現するための体制を構築する必要があります。そのためには、グループ会社の業務実態をより深く把握し、IFRSに準拠した体制をグループ全体で構築する必要があります。

　また、IFRS導入の効果として、会計情報の品質の統一化により同一の尺度による業績管理が可能となるほか、決算期の統一等により、適時の財務指標の入手が可能となることが考えられます。したがって、よりグループ全体で統一化した業績評価や迅速なリスクへの対応が可能となることが考えられます。

第1章 IFRS導入が小売業に与える影響

【経営者はより、利害関係者を意識することが必要になる！】

【経営者はグループ経営をより強く意識することが必要になる！】

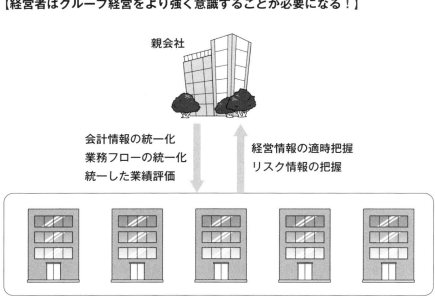

10. CFOへの影響

● 経営者の補佐～「経営の目」「経営者の懐刀」

IFRSでは数字や開示に会社としての判断がより求められることになり、CFOはそのキーパーソンとして期待されることになります。

経営者の意思決定、経営判断が財務諸表に大きく影響し、リスクについては財務諸表及び注記に開示されることになります。そのため、CFOは経営者に、経営判断が財務諸表にどのような影響を与えるのかを適切に助言することが必要です。したがって、CFOは会計・ビジネスの両方に精通し、常に経営者の目となり、懐刀となることが求められます。

● 親会社のCFOは、グループ全体のCFOへ

IFRSを導入する会社は、グループ全体で会計方針を統一することが必要になります。そのために、まず、グループ全体で統一のアカウンティングポリシーを定め、それを海外子会社も含めて、適用していく必要があります。適用の過程、また適用後の運用の過程において、CFOは各グループ会社の実態を把握し、財務会計制度運用面で、適切にグループのアカウンティングポリシーが適用・運用されるように、コントロールしていくことが求められます。

● グループ経営のインフラ整備をリード

IFRS導入後は、国内外にグループ会社があったとしても、統一された会計基準のもとで財務諸表が作成されます。また決算期の統一化、システムの統合化への動きも考えられます。そのため、グループ会社の経営管理、ガバナンスの強化、グループのオペレーションの統一化等の業務改善へ舵がきられることが考えられ、CFOはこれらの実施をリードすることが期待されます。

第1章
IFRS導入が小売業に与える影響

【CFOは経営者の懐刀】

助言・情報提供

リスク
経営判断の開示への影響
グループ全体の経営状況

【グループ経営の中のCFO】

・グループ全体のアカウンティングポリシーを運用
・グループ全体の経営管理、内部統制状況の管理

11. その他の部署への影響

● 営業部への影響

　収益認識の見直しにより、取引条件の変更が必要になり、取引契約の見直しを検討することも考えられます。また、IFRSの収益認識の要件等に対応し、業務フローへの変更の検討が必要になることも考えられます。

　IFRSに基づいた、予算編成を行うことが必要になることが考えられます。また、予算管理や業績評価も、IFRSの指標によって行われることが考えられます。

● 人事部への影響

　グループ経営を重視し、ホールディングス化などグループ全体を統治しやすい組織への変革や、グループ会社間の人事交流の活性化につながることが予想されるため、人事部の人材管理方法が変わることが考えられます。

　また、グループの損益管理が統一的になされるため、人事評価が、統一した基準により、グループ全体で実施可能となることも考えられます。業績連動型の報酬をとっている会社においては、従来の指標が変化することにより、新たに業績指標を定義し、報酬制度を見直すことが必要になることも考えられます。

● 財務部への影響

　IFRS導入により、資本と負債の分類、区分損益情報の定義、金融商品の貸借対照表上の取り扱いが従来と異なる可能性があり、借入契約条項の見直しが必要になることが考えられます。

　現在、内部的なリスク管理方針に沿って行っているヘッジ取引がIFRS上、ヘッジ会計の要件を満たさない場合、ヘッジ会計適用の方針変更、利用するデリバティブの変更を必要とすることが考えられます。

第1章
IFRS導入が小売業に与える影響

【会計データを使用する部署は多岐にわたる！】

- 経理部（経理データ作成部署）
- 営業部（予算策定、販売部門）
- 人事部（業績による評価）
- 財務部（資金調達に財務指標が影響）

【IFRS適用の影響を受ける部署は多岐にわたる！】

経理部 IFRSに準拠した決算書の作成	営業部 IFRSに基づく売上計上 会計データに基づいた予算策定
人事部 会計データをもとにした実績による業績評価	財務部 会計データに基づいた財務分析 IFRSに準拠したヘッジ計画等

中央：IFRSの適用

25

第2章

小売業における
IFRSの論点Q&A

第1節 売上高

Q1 総額表示・純額表示（考え方）

IFRSを適用すると、小売業の売上も大幅に減少してしまう可能性があると聞きました。売上をいくらで計上すればよいか（総額表示するか純額表示するか）の考え方を教えてください。

A 小売企業は、売上高を重要な経営指標としています。このため、売上高が総額表示となるか純額表示となるかについては、IRの問題はもちろん、管理会計としての業績評価への影響を考えれば、小売企業にとって関心度の高い論点の一つであるといえます。

それでは、IFRSでは総額表示か純額表示かの判断はどのようになされるのでしょうか。

ここでポイントとなるのが、顧客に対して売上を計上する前の状態です。具体的には**Q3～Q5**で取り上げますが、顧客に対して売上を計上する前に小売企業に商品に対する支配が移転しているかを判断し、支配が移転している場合には総額表示、支配が移転していない場合には純額表示となります。

また、支配が移転しているかどうか明確に判断がつかない場合には、後述の4つの指標を参考にして判断することになります。

なお、**第2章**の収益認識に関する説明は、IFRS第15号「顧客との契約から生じる収益」に基づいております。

第2章
小売業におけるIFRSの論点Q&A

【純額表示となると、売上が大幅に減少する】

	総額表示	純額表示
売上	100	40
原価	60	0
利益	40	40

利益は同じだけど、売上は全然ちがう！

【ポイントは、顧客に商品を販売する前に商品に対する支配が仕入先から小売企業に移転しているか】

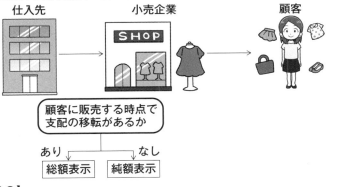

【支配とは？】

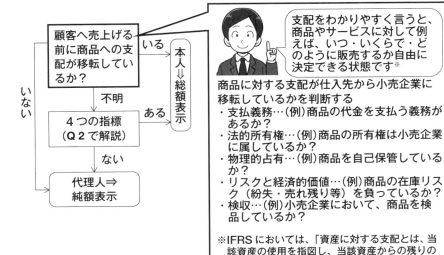

Q2 総額表示・純額表示（本人であることを示す指標）

当社で行っている売上取引について、顧客に対して売上を計上する前に、商品に対する支配が移転しているかどうか明確に判断がつかないのですが、その場合にはどのように判断を行えばよいか教えてください。

A IFRSでは、売上の総額表示・純額表示について、小売企業が顧客に対して売上を計上する前に商品に対する支配が移転しているか、すなわち、顧客への販売に先立って小売企業が商品を支配しているかを判断し、支配が移転している場合には「本人としての取引」を行っているとして総額表示、支配を及ぼしていない場合には「代理人としての取引」を行っているとして純額表示となります。しかしながら、実際の取引に当てはめて検討したときに、実務上の慣習や個別の契約条件等によっては、判断が難しい場合も多いことが想定されます。

そこで、IFRSでは、「本人としての取引」か「代理人としての取引」かの判定をするための指標を例示しています。この指標のニュアンスをざっくりと掴んでいただきたいと思います。

(1) 契約履行の主たる責任

顧客に対して誰が主たる責任を負うか、ということになります。品質を含め商品の引渡しに関する小売企業の関与が高いほど、「本人としての取引」をしていると判断する可能性が高くなります。

(2) 在庫リスク

在庫リスクには破損や紛失などの滅失リスクや売れ残りリスクなどがありますが、リスクの負担が大きいほど、小売企業は「本人としての取引」をしていると判断する可能性が高くなります。

(3) 価格設定の裁量

高額品のブランドに多いようですが、小売企業が自ら商品の販売価格を決定できる裁量が低いことがあります。反対に、販売価格を決定できる裁量が大きいほど、小売企業は「本人としての取引」をしていると判断する可能性が高く

なります。

(4) 顧客の信用リスク

信用リスクは、顧客が破産するなどして売上代金を回収できないリスクですが、リスク負担が大きいほど、小売企業は「本人としての取引」をしていると判断する可能性が高くなります。

なお、2014年5月に公表されたIFRS基準書においては、企業が代・理・人・であることを示す指標として、「対価が手数料の形式による場合」が含まれていました。しかし、2015年7月に公表された公開草案「IFRS第15号の明確化」では、これらの指標が本・人・であることを示す指標として再構成されたことに伴い、対価についての指標は削除されています。

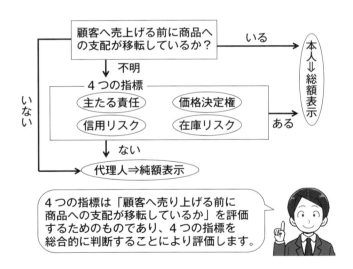

Q3 総額表示・純額表示（消化仕入）

我が社では顧客への販売と同時に仕入が計上される、いわゆる消化仕入による仕入形態があります。これまで顧客への販売代金を売上高として計上するとともに、仕入先からの仕入代金を売上原価として計上し総額表示していました。IFRSにおいても同様に総額表示となるのでしょうか。それとも、商品の販売代金と仕入代金の差額を手数料収入等として売上計上する純額表示になるのでしょうか。

A 消化仕入は、小売企業の店頭において、顧客に販売された時に仕入が行われたとする取引形態です。

百貨店や総合スーパーなどにはさまざまな商品が陳列されていますが、その商品の仕入方法にも買取仕入、返品条件付買取仕入、委託仕入、消化仕入（売上仕入）などさまざまな種類があります。

この消化仕入という形態の下では、顧客に販売する時点まで小売企業では商品の仕入を行っていないため、当然に仕入代金の支払いは発生しません。また、商品自体は小売企業の店舗の中に保管されているかもしれませんが、仕入先の在庫であり、万が一販売するまでの間に商品を破損してしまったり紛失してしまったりしても小売企業は何らの責任も負うことはありません。

総額表示か、純額表示かの判断は、顧客に対して売上を計上する前に商品に対して支配が及んでいるかどうかによることから、消化仕入の場合には支配が及んでいないと判断されることが考えられます。

もっとも、顧客への販売と同時に仕入が計上されることから、顧客に対して売上を計上する直前には商品に対して支配が及んでいる、という反論もあるかもしれません。しかし、販売されない限り仕入が起こらないということであれば多くのケースにおいてこのような反論は、あまりに形式的な議論であるといえます。

したがって、消化仕入形態において、売上を総額表示していた小売企業においては、IFRSではその取引実態を総合的に判断し、純額表示とすることが一般的には適切であると考えられます。

【消化仕入の場合の判断フロー】

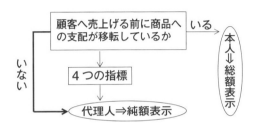

【消化仕入の場合、顧客への売上前に商品への支配があるか】

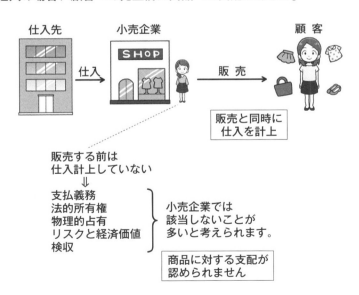

Q4 総額表示・純額表示（返品条件付き仕入）

我が社では一定期間経過後に商品を仕入先に返品できる仕入形態があります。これまで顧客への販売代金を売上高として計上するとともに、仕入先からの仕入代金を売上原価として計上し総額表示していました。

これはIFRSにおいても同様でしょうか。それとも、商品の販売代金と仕入代金の差額を手数料収入等として売上計上する純額表示になるのでしょうか。

A 百貨店や総合スーパーなどにはさまざまな商品が陳列されていますが、その商品の仕入方法もさまざまな種類があります。

このうち売れ残り商品を返品できる条件のある買取仕入は、小売企業が商品の紛失や盗難リスクを負うものの、返品可能条項や新商品との交換というかたちで実質的に売れ残り品の返品条項を盛り込む仕入形態です[1]。小売企業は売れ残ってしまった在庫があれば、仕入メーカーに返品することができるため、商品が売れ残るリスクを負うことなく、商品の販売を行うことができます。

ここで、売上高の総額表示か純額表示かの判断は、顧客に対して売上を計上する前に商品に対する支配が小売企業に移転しているかによりますが、メーカーに対して商品の返品が可能である以上、商品に対する支配が移転しているとは言い切れないといえます。この場合には、本人・代理人判定のための4つの指標にもとづき判断を行うことが求められます。

返品条件については、各社の取引条件の内容は契約や慣行によってさまざまのようです。例えば、小売店が返品を希望する商品は無条件に返品できる場合もあれば、仕入高の10％を上限に返品可能としている場合もあり、この場合には、小売企業側も商品の売れ残りリスクを負っているといえます。

また、店舗で商品を管理し、顧客への接客・販売を行う販売員は、小売企業の社員、仕入先から派遣された社員のいずれのケースもあるようで、また価格決定の裁量もまちまちのようです。

---

1 『業種別会計シリーズ　小売業』第一法規、136ページ参照

したがって、一概に結論付けることはできませんが、取引内容によっては、消化仕入の実態に近い場合には消化仕入と同様に、これまで顧客への販売代金を売上高として計上するとともに、仕入先からの仕入代金を売上原価として総額売上としていた小売企業においても、IFRSではその取引実態を総合的に判断し、商品の販売代金と仕入代金の差額を手数料収入等として売上計上する純額表示することを検討することが適切な場合が出てくると考えられます。

このように返品条件付き仕入形態の場合には、契約及び慣行を十分に吟味し、取引実態に応じて売上を総額表示するか純額表示するかの判断をする必要があることに留意しなければなりません。

【返品条件付き買取仕入の判断フロー】

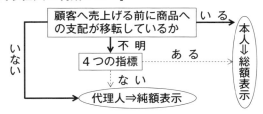

【返品条件付き買取仕入の場合、支配が移転しているかの検討】

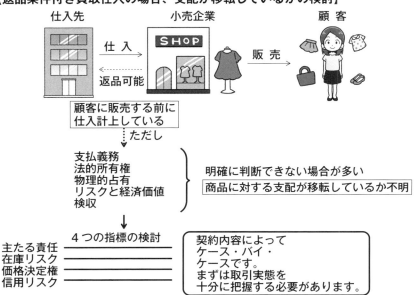

Q5 総額表示・純額表示(外商売上)

我が社では外商ビジネスを行っています。これまですべての取引について顧客への販売代金を売上高として計上するとともに、仕入先からの仕入代金を売上原価として計上し総額表示してきました。IFRSにおいても同様でしょうか。

A 小売業での法人ビジネスの代表例として百貨店の外商取引を取り上げましょう。例えば百貨店では、店内での販売のみならず、外商セールスによる店舗外の販売が行われています。百貨店の外商セールスは、富裕層の個人顧客に対して、顧客の好みに合った商品を店舗から厳選して、自宅を訪ねて提案を行う、というものです。また法人顧客に対しては、顧客からの要望に基づきギフト、記念品、ユニフォーム、インテリアコーディネートに至るまでさまざまな商品・サービスの提案を行っています。これらのビジネスの違いは、販売する場所が百貨店の中か外かというだけなので、基本的には通常の店舗取引形態と大きく変わるところはないものと思われます。

一方、百貨店の法人外商取引の中には、商社と同様に仲介ビジネスを行う場合もあると考えられます（IFRS基準書においては「代理」という表現が用いられていますが、ここでは理解を容易にするため「仲介」や「紹介」という表現を用いています）。

例えば、百貨店の外商担当が法人顧客のユニフォームを受注した場合に、百貨店には通常ユニフォームの製造を行う部門はないことから、メーカーに製造委託を行い、メーカーが製造後、顧客に直接発送し、顧客が検収を行うような取引があります。この場合、顧客にメーカーを紹介しているだけであって、事実上、百貨店が在庫リスクなどの重要なリスクを何ら負わないような場合には、代理人取引として、商品の販売代金と仕入代金の差額を手数料収入等として売上計上する純額表示をすることが適切といえる可能性があります。

このように外商取引には、さまざまな取引形態があると考えられます。契約及び商慣行を十分に吟味し、取引実態に応じて売上を総額表示するか純額表示するかの判断を行う必要があることに留意しなければなりません。

【店舗での販売と外商での販売】

【外商部門におけるユニフォームの販売】

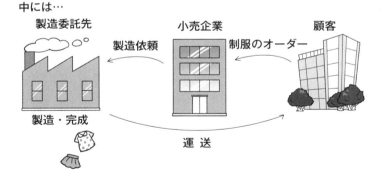

Q6 テナントから受け取る受取家賃

我が社は専門店ビジネスを行っており、入居していただいているテナントから家賃を売上計上しています。IFRSの売上表示方法において注意すべき事項はありますでしょうか。

A 駅ビルや、郊外の大型ショッピングモールやアウトレットモールを運営する企業は、売り場を区画に分けて、いわゆる「場所貸し」を行い、テナントと不動産の賃貸契約に準じた定期賃貸借契約を締結して、その賃料を売上計上します。

このような取引は、オペレーティングリースの貸手としての取引として取り扱われることになります。

会社が主たるビジネスとして行っているのであれば、テナントから受け取る家賃をリース料の受け取りとして売上に計上されることはIFRSにおいても変わるところはありません。

【テナントから受け取る家賃はリース取引に該当する】

Column　消化仕入取引の売上計上時期

　百貨店においては、店頭に陳列する商品の所有権を卸業者やメーカーに残しておき、店頭において顧客に販売されたと同時に仕入が計上されるという、いわゆる消化仕入取引形態が多くみられます。

　IFRSにおいては、その取引実態次第では、消化仕入取引について仲介取引とみなされる可能性も考えられます。仮に消化仕入取引が仲介取引とみなされた場合には、百貨店は売上と仕入の純額を手数料として売上計上することになりますが、この売上の計上時点はどのように考えればよいのでしょうか。

　店頭での商品販売を前提とした場合、例えば、顧客へ商品が引き渡されてはじめて仲介取引として完結した状態であると言える、と考えられるのであれば、顧客へ商品が渡された時点で売上を計上することになると考えられます。

　また、店頭に商品がなく、後日卸売業者やメーカーから直接顧客に商品が届けられるケースを前提とした場合に、例えば、顧客へ商品が引き渡されてはじめて仲介取引として完結した状態であると言える、と考えられるのであれば、顧客の手元に商品が届いた時点で売上を計上することになると考えられます。

　上記はひとつの考え方の例にすぎませんが、消化仕入取引と一口に言ってもさまざまな取引があると考えられますので、個々の取引条件や取引実態を踏まえたうえで、IFRSに照らして慎重に検討する必要があります。

Q7 売上計上時期（ギフト販売）

IFRSを適用する際、ギフト販売に係る売上計上時期について留意することはあるでしょうか。例えば、商品の売上と配送サービスの売上とを区別して会計処理しなければならないのでしょうか。

A　「ギフト」と聞いてイメージされるのは、お中元やお歳暮でしょうか。最近では、結婚式の引き出物としてカタログギフトが利用されることもありますが、体験ギフトやエステなど実にさまざまな商品がギフトとして取り扱われています。百貨店、スーパーマーケット、家電量販店、コンビニエンスストアにおいても、お中元やお歳暮をはじめとしたギフト商品の販売がなされていますが、注文する顧客と贈答先が異なることや商品を贈答先へ届ける必要があるなど、通常の店頭販売とは少し異なる点があります。

以下、当社が「本人」としてギフト販売を行っている場合で、顧客から承った注文内容に基づき、贈答先に商品を当社がお届けする場合を想定して、売上計上のタイミングを考えてみましょう。

まず、IFRSにおいては、顧客に対して果たすべき別個の責任が2つ以上ある場合、それぞれを区別して売上を計上する必要があります。この点、上記のようなギフト商品の販売においては、「調達した商品を顧客にお渡しすること」と「贈答先への配送サービス」という2つの責任を負うと考えられるかもしれませんし、これらを区別せず一体のひとつの責任として捉えることもできるかもしれません。

IFRSにおいては、物品の販売については、お店が商品を顧客に渡し、顧客が商品を自由に使用できるようになった時点で売上計上することとされています。ギフト商品の販売については、「受注→商品発送→お届け」という一連の流れのどの時点で売上計上できる条件を満たすのか、取引実態に応じて検討する必要がありますが、贈答先にとって商品を自由に使用できる時点、すなわち贈答先へ商品が到着して商品の受け取りがなされた時点でこの条件が満たされる場合が多いのではないかと思われます。

一方、サービスの提供については、一定の要件を満たす場合にはサービス提供期間にわたって売上を計上し、それ以外の場合にはサービス完了時などの一時点において売上を計上することとされています。配送サービスについては、配送に要する期間は通常は短いと考えられることから、商品の配送完了時点で売上計上することになる場合が多いのではないかと考えられます。

　このように、ギフト販売においては、商品と配送サービスの売上計上タイミングを区別して捉えたとしても、両者のタイミングはほぼ同時になると考えられることから、実務上は、重要性の観点からこれらを区別して会計処理する必要性は乏しいと判断される場合も多いのではないかと考えられます。

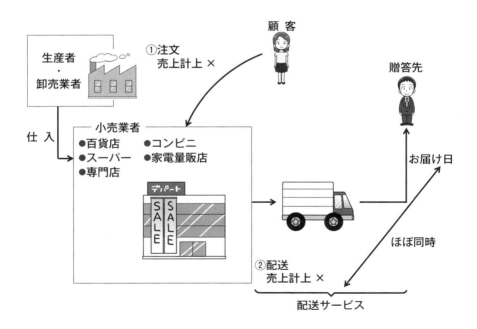

Q8 売上計上時期（通信販売）

当社は店頭販売に加え、自社のホームページより通信販売を行っています。売上計上時期について留意することはあるでしょうか。

A みなさん、オムニチャネルという言葉をご存知でしょうか。オムニチャネルは、実際に存在する店舗での商品販売とインターネット上のバーチャル店舗での商品販売を連携させた新しい購買スタイルやそれらの取り組みと言われています。また、最近の小売業界の動向として、消費全体が低迷するなかにおいても、インターネットの普及に伴い通信販売が増加する傾向にあります。

以下、通信販売における売上計上のタイミングを考えていきましょう。

IFRSにおいては、物品の販売については、お店が商品を顧客に渡し、顧客が商品を自由に使用できる時点で売上計上することとされています。通信販売においては、注文を受けた時点でも、商品を発送した時点でもなく、顧客へ商品が到着して商品の受け取りがなされた時点でこの条件が満たされると考えられます。つまり、通信販売の場合、販売側が実行すべき顧客との約束は配送サービスも含んだ商品の引渡しであり、顧客にとっても商品を受け取ってはじめて商品を自由に使用できることから、売上計上のタイミングは顧客へ商品が到達した時点になると考えられます。

第2章
小売業におけるIFRSの論点Q&A

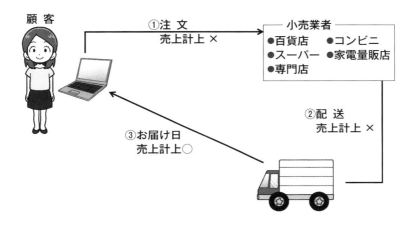

Column　　　　着荷基準への実務対応

　原則的には、通信販売やギフト販売（贈答先への商品到着時点で売上計上することと判断された場合）については、顧客や贈答先への到着日情報を入手することにより、商品が到着した日に売上を計上することになると考えられます。この点、通販販売においては到着日などの詳細な情報を把握しているケースも多いのではないかと思われますが、そうでない場合には必要な情報を把握できる体制を整える必要性が新たに生じることも考えられます。

　一方、日本国内を想定した場合、昨今の物流網の整備状況を考慮すれば、やや保守的にみたとしても通常は2日〜3日以内で贈答先や顧客に商品が到着するとも考えられます。過去の実績などから贈答先や顧客へ商品が届くまでの所要日数が明らかであり、重要な返品の可能性も低く、実際の商品到着日において売上を計上した場合とくらべても重要な違いが無いと考えられる場合には、例えば「出荷後○日後が商品到着日」とみなして売上計上を行うことも、実務上の対応としては考えられます。

Q9 通信販売における返品

当社は自社のホームページより通信販売を行っています。販売後、一定期間は顧客からの返品に応じているのですが、会計処理において留意することはあるでしょうか。

A 通信販売においては、商品を手に取って自分の目で見ることなく商品を購入することが多いため、実際に商品が届いた時に「あれ？　思っていたデザインと全然違うなあ…」ということもあり得ます。

通信販売においては法律上のクーリング・オフ制度はありませんが、顧客の心をつかみより多くの販売チャンスを得るために自主的に返品に応じているお店が多くあります。このように顧客に返品する機会（以下「返品権」といいます）を与えた場合を考えてみます。

顧客に返品権がある場合、お店にとっては一旦引き渡した商品が一定の割合で返品される可能性があることを意味します。この場合、顧客の返品権が消滅してはじめて、お店は販売数量ないし販売金額がどれだけなのかを確定することができるわけであり、商品を引き渡した時点においては、最終的な販売数量ないし販売金額が不明確な取引であると位置付けられます。IFRSにおいては、顧客の返品によって取引が成立しないことが予想される部分については売上を計上すべきではないとしています。

すなわち、顧客との契約条件や過去の返品率など、利用可能な情報のすべてを考慮して返品予想額を合理的に算定し、これを売上からマイナスすることになります。

第2章
小売業におけるIFRSの論点Q&A

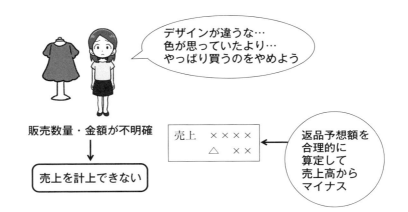

（注）
顧客がある商品を同じ種類、品質、状態及び価格の別の商品（例えば、別の色やサイズの商品）と交換することは、IFRSの適用上、返品として考えないことが明記されています。このため、売上からマイナスする返品予想額の見積りに、交換を考慮することは要求されません。

Q10 店頭での商品販売における返品

当社の店頭での商品販売においては、返品条件が契約上明らかにはなっていないものの、実際には顧客からの返品を受け付けています。IFRSにおける会計処理について、何か留意事項はありますか。

A 例えば通信販売においては、顧客は商品を実際に見て購入するわけではないので返品が多数発生すると考えられ、また、契約上、返品条件が明らかになっているケースも多いと思われます。

一方、百貨店、スーパー、家電量販店、コンビニエンスストアなどの店頭における商品販売においては、通信販売等に比べれば返品の発生可能性は低く、また契約上、返品条件が明らかになっていないケースも多いと思われます。

IFRSにおいては、顧客に返品する権利がある場合、商品を引き渡した時点においては最終的な販売数量ないし販売金額が不明確な取引であると位置付けられ、顧客の返品によって取引が成立しないことが予想される部分については売上を計上すべきではないとしています。すなわち、合理的な返品予想額を控除した金額で売上を計上することになります。

店頭での商品販売は、通信販売等と違って返品を前提とした取引ではありませんが、実際に継続して一定の返品実績があるのであれば、通信販売等のケースと同様に、過去の返品率など利用可能な情報のすべてを考慮して返品予想額を合理的に算定し、これを売上からマイナスする、という取り扱いが必要かどうかを慎重に検討する必要があると考えられます。

なお、店頭で販売した商品の返品については、そもそも発生件数が少なく、発生金額にも重要性がほとんど無いというケースも考えられます。返品実績や返品予想額に重要性が無い場合には、（返品予想額を考慮することなく）商品販売時に売上を全額計上することが許容される場合もあると考えられます。

Column: 合理的な返品予想額を算定できる場合の会計処理（設例）

<前提>
- 通信販売業を営む当社においては、購入後30日間は商品の返品可能。
- 将来の合理的な返品率は10％と見積った。
- 1個50円で仕入れた商品を1個100円で10個販売した場合の仕訳は？

<仕訳例>
（商品販売時）
現金　　　　　　1,000　　／売上　　　　　　900
　　　　　　　　　　　　　／返品負債　　　　100：1,000×返品率10％

（購入の21日後に顧客が1個返品した場合）
返品負債　　　　100　　／現金　　　　　　100

（顧客からの返品はないまま返品可能期間が到来した場合）
返品負債　　　　100　　／売上　　　　　　100

（注）返品負債100は実際に返品されたとき、あるいは返品可能期間が到来したときに取り崩されます。また、返品予想額については、毎決算期末日に見直しが必要です。なお、顧客から返品された商品は、当該商品回収のためのコスト（返品による潜在的な価値の下落を含む）控除後の金額で、資産として計上する必要があります。

Q11 カスタマー・ロイヤルティ・プログラムとは

カスタマー・ロイヤルティ・プログラムとは何ですか。

A 　現在、顧客囲い込みや販売促進戦略の一環として、幅広い業界において多種多様なポイント制度が導入されています。百貨店、スーパー、ドラッグストアやコンビニなどの小売業においても、一定額の買物ごとにポイントが付与され、たまったポイントを商品の購入に利用できる、といった制度が多くみられます。特定の日をポイント5倍デーとしたり、買物積算額に応じてポイント率がアップされたり、来店するだけでポイントが付いたり、とその形態も多岐にわたっています。

　このように、企業は顧客の来店の動機づけや商品購入を促すことを目的としてさまざまなポイントを発行していますが、カスタマー・ロイヤルティ・プログラムとはこのようなポイント制度のことを総称しています。

　顧客がポイントを利用して商品を購入する場合、企業にとっては商品代金の一部が手元に入ってこないことになります。特に商品代金の全額についてポイントを利用される場合には、無料（ただ）で商品を販売することになります。この「お金が入ってこない」部分の会計上の性質は、顧客への値引きとも考えられますし、顧客の来店の動機づけとしての販売促進費用とも考えられます。

　会計処理の詳細については、次のQで見ていきましょう。

Q12 カスタマー・ロイヤルティ・プログラム（総論）

カスタマー・ロイヤルティ・プログラムに関して、IFRSを適用すると会計処理がどのように変わるのかを教えてください。

A 現行の日本基準では、カスタマー・ロイヤルティ・プログラムに関する会計処理について明確に定めた会計基準はありませんが、実務上は次のような会計処理が行われているケースが多いものと思われます。

まず、商品の販売時点では商品代金全額を売上として計上します。そして、顧客に付与したポイントについては、引当金の要件を満たす場合には将来利用されると見込まれるポイントの金額を合理的に見積もり、ポイントを付与した時点で引当金を計上します。ポイントの付与が将来の売上につながる販売促進効果を有する点に着目し、販売費用として会計処理を行う考え方です。

一方、IFRSでは、商品やサービスの販売に伴って付与されるポイントについての会計処理が定められています。

具体的には、当初の販売取引で得られた代金を「商品等の販売」と「ポイント交換による将来の商品の提供」の二つの要素に分解した上で、前者については商品の販売時点で売上を計上する一方、後者については将来得られる追加的な商品やサービスに対する前払いととらえて、顧客がポイントを使用するまで売上計上を繰り延べる会計処理が求められています。

つまり、商品の販売とともに（将来、商品の無償又は割引購入に利用できる）ポイントを付与する場合、企業にとっては商品の販売に加えて「将来、付与したポイントと交換に無償又は割引価格で商品を提供すること」を顧客に約束したと捉えることができるので、ポイント付与を伴う商品の販売で顧客から得られた代金を「商品の販売」と「ポイント交換による将来の商品の提供」という2つの事柄に対して得られたものとして、それぞれ区別して会計処理すべきと考えているのです。

なお、「ポイント制度」と一口に言ってもさまざまなケースがありますので、まずはそれぞれの実態や性格を整理して把握したうえで、IFRSの考え方に即した会計処理を慎重に検討することが必要です。

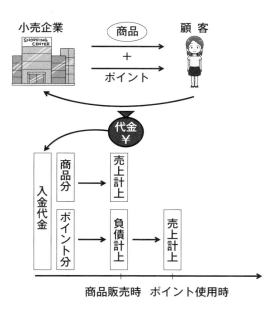

Column　カスタマー・ロイヤルティ・プログラム（設例）

＜前提＞
- 店頭販売価格1,000円の商品のお買い上げに対して10ポイント付与。
- ポイントは1ポイント＝1円として将来の買い物に使用できる。
- 過去の実績より、将来利用されるポイントは10ポイントのうち9ポイントと見積もった。

＜日本基準の仕訳例＞
（ポイント付与時）

現金	1,000	/売上	1,000
販促費	9	/ポイント引当金	9　（注）

（ポイント使用時－顧客が6ポイントを使って100円の商品を購入した場合）

現金	94	/売上	100
ポイント引当金	6	/	

（注）ポイント引当金の算定の基礎については、商品の販売価額とする考え方と商品原価とする考え方の2つがあります。当仕訳例は前者の考え方を前提としています。

＜IFRSの仕訳例＞
（ポイント付与時）

現金	1,000	/売上	991	：1,000×1,000/（1,000＋9）
		/繰延収益	9	：1,000×9/（1,000＋9）

(ポイント使用時－顧客が6ポイントを使って100円の商品を購入した場合)
現金　　　　　　　94　／売上　　99　：(100－6)＋5.4*
繰延収益　　　　　 5　／　　　　　　：9×6ポイント／10ポイント＝5.4*
　　　　　　　　　　　　　　　　　　（*：小数点以下切り捨て）

(注) 商品の販売時点においては、得られた代金の全額について売上を計上せず、将来使用が見込まれるポイント相当額を繰り延べる形になります。日本基準において当仕訳例にあるような会計処理を行なっている場合には、IFRSを適用することで商品を販売した時点の売上が減少するような形になります。

Column　これも売上計上を繰り延べる？－割引券

　例えば、百貨店の店舗内で、テナントのひとつであるレストランで利用できる割引券を配布している場合を考えてみましょう。

　顧客にとっては割引券を利用することにより「将来において特定の物品又はサービスを無償又は割引価格で取得することができる」ことになりますが、割引券は販売取引とは関係なく配布されたものなので、売上を繰り延べるという会計処理にはなりません。

　将来使用が見込まれる割引券の金額について、費用及び負債を計上することになります。

Q13 カスタマー・ロイヤルティ・プログラム（来店ポイント）

当社のポイント制度には、商品を購入してもしなくてもご来店のたびに一律ポイントが付くという、いわゆる「来店ポイント」がありますが、これについても売上計上を繰り延べる必要があるのでしょうか。

A 百貨店、スーパー、ドラッグストアやコンビニなどの小売業においては多種多様なポイント制度が導入されていますが、例えば「100円のお買い上げごとに1ポイントが付与される」といった典型的な形態のほかに、ポイントカードの会員になるだけで無条件に入会ポイントが付いたり、来店するだけでポイントが付いたり、と商品を買わなくてもポイントが付くケースも見受けられます。

IFRSでは、さまざまなポイントのうち商品やサービスの販売に伴って付与されるポイントについて、顧客への販売取引の一部として捉えた会計処理が求められています。

一方で、お買い物とは関係なく付与される「入会ポイント」や「来店ポイント」については、将来これらを利用して商品等を無償又は割引価格で購入することができるものではありますが、商品を購入してもしなくてもポイントが付与されます。すなわち、販売取引の一部として付与されるものではないので、上記の「売上計上を繰り延べる」会計処理の対象にはならず、むしろ販売促進活動としてとらえる必要があります。つまり、これらのポイントについては、将来発生が見込まれるコストについて、費用及び負債を計上することになります。

なお、「来店ポイント」「入会ポイント」と一口に言っても、お買い物が付与の条件になっていたりするなどさまざまなケースがあることが考えられます。それぞれの実態に応じてIFRSに即した慎重な検討が必要であることに留意が必要です。

第2章
小売業におけるIFRSの論点Q&A

Q14 カスタマー・ロイヤルティ・プログラム（第三者が提供する特典）

当社（A小売店）は他社（B社）が主催するポイントプログラムに参加しており、B社が発行しているポイントカードを提示されたお客様には商品の販売価格の１％のポイントが付与されます。この場合、IFRSの会計処理について、留意点を教えてください。

A 例えば、航空会社のマイレージプログラムにホテルや小売店舗が参加していることにより、マイレージカードの会員は、航空機を利用した場合だけではなく、ホテルでの宿泊や小売店舗でお買い物をした場合にも航空会社のマイレージを貯めることができる、という例があります。マイレージを貯めることのできる機会が広がることは会員にとって非常に魅力的なことですし、一方のホテルや小売店舗にとっても、他社が主催するポイントプログラムに参加することによって顧客層の拡大をはかることができるというメリットが考えられます。

この例のように、ポイントを付与した企業（ホテルや小売店舗）と、付与したポイントと引き換えに無償又は割引価格で商品やサービスを提供する企業（航空会社）とが異なる場合、両者が同一企業であるシンプルなケース（例えば、航空会社自身がポイントを付与して、そのポイントと引き換えに航空券を無償又は割引価格で提供する場合）とは違って、会計処理に留意が必要です。

具体的には、ポイントを付与した企業（ホテルや小売店舗）がプログラムの当事者（本人）としてポイントを付与しているのか、あるいは、他社に代わって代理人としてポイントを付与しているのか、をまず検討する必要があります。

この点、関係者が複数登場するポイントプログラムについては、それぞれのケースごとに取引条件等がさまざまであるため、当事者（本人）となるケースと代理人となるケースを一律に示すことはできませんが、当事者（本人）か代理人か？　については、例えば次のような観点から実態に応じて慎重に判断する必要があります。

- 付与したポイントと引き換えに商品やサービスを無償又は割引価格で提供する義務（約束）を負っているか？（負っている場合、当事者（本人）と判断される可能性が高い）
- ポイントプログラムの内容や取引条件について主体的な決定権を持っているか？（持っている場合、当事者（本人）と判断される可能性が高い）
- ポイントの付与に伴って対価を受領する場合、取引1件あたりの固定報酬や顧客への請求金額の一定比率であるなど、予め決められているか？（この場合、代理人と判断される可能性が高い）

（注）本人・代理人判定のための考え方や指標については、**Q1**から**Q5**もご覧ください。

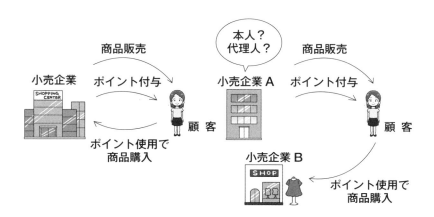

| Column | **カスタマー・ロイヤルティ・プログラム －第三者が提供する特典（設例）** |

<前提>
- A小売店はB社が主宰するポイントプログラムに参加。
- A小売店の商品販売価格につき1％のB社のポイント（以下「Bポイント」といいます）が付与される。
- B社は付与したBポイントと引き換えに、B社の商品やサービスを無償又は割引価格で提供する。
- A小売店は1Bポイントごとに0.7円をB社に支払う。
- A小売店で顧客に対して10,000円の商品を売り上げ、Bポイント100ポイント（公正価値100円）を付与した場合の仕訳は？

<A小売店がB社の代理としてBポイントを付与している場合>

　A小売店はB社の代理でBポイントを付与しているだけであり、Bポイント部分についてはB社の代理人として代金を預かったにすぎません。したがって、Bポイントの付与部分に対応する売上については自社の売上として計上することはできません。

　また、Bポイント部分とB社への支払額との差額は、代理人としての手数料と考えることができます。代理人としてのサービスは商品売上時に完了しているため、この時点で手数料収益を計上することになります。

売掛金　　10,000　／売上　　　　　　9,900：受取代金10,000－ポイント100
　　　　　　　　　／手数料収益　　　　30
　　　　　　　　　／未払金　　　　　　70：B社への支払額

<A小売店が本人としてポイントを付与している場合>

　A小売店は顧客に商品を販売し、Bポイントを付与した時点で顧客に対する義務（約束）をすべて果たしているため、商品の販売部分とポイント部分の両方について売上を計上します。

この場合、本人としてBポイントを付与しているので、売上は総額で表示することとなります。

売掛金　　　10,000　/売上　　　10,000　：商品9,900円＋ポイント100円
売上原価　　　　70　/未払金　　　　70　：ポイント購入に伴うB社への支払額

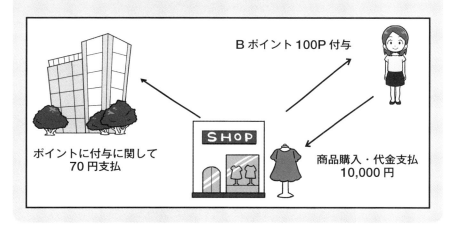

Column 　　**各種の値引き・販売インセンティブ**

　小売業においては、各種の値引きや販売インセンティブが顧客に提供されている例が多いと思われます。これらに係る会計処理について日本基準において明確な定めはないものの、実務的には、当該金額を売上から控除したり、販売インセンティブを販促費として会計処理したりしている例が多いものと思われます。この点、IFRSにおいては、商品やサービスを顧客へ提供することにより受け取ることのできる金額で売上を計上する必要があるとされているため、留意が必要です。

（1）株主優待
　株主優待だけで暮らしている人がテレビで取上げられたり、書店に株主優待特集の本が並んだりと、注目を集めることも多い株主優待ですが、日本基準において一般的に行われている会計処理としては、
●株主優待券が利用された時に売上金額から優待券の金額を減額する。
●株主優待券が利用された時に販売費及び一般管理費へ計上する。
●引当金の設定要件を充たした時点で株主優待引当金などの負債を計上し、売上計上時点では通常の商品価格で売上を計上し、利用された優待券の金額だけ引当金を取り崩す。
といったものが考えられます。
　IFRSの採用により、自社商品を株主優待券によって購入された場合には、株主優待券の金額を売上から減額処理する会計処理とする必要があると思われます。

（2）社員販売
　社員販売で自社商品を安く購入できると、従業員にはお得感があり、企業にとっても、例えば賞味期限前の商品や型落ち商品を売りさばくことができるなどのメリットがあります。日本基準においては、社員販売値引きについては税

法に準拠して現物給与勘定や福利厚生費勘定で処理しているケースが多いのではないかと思われます。

IFRSの採用により、社員販売取引については、社員販売値引き後の金額で売上計上することになると思われます。

(3) ハウスカード値引き

百貨店などでは顧客の囲い込みなどを目的としてハウスカードを発行し、ハウスカード会員に対する優待として一般価格から値引きをして商品の販売をしているケースも多いと考えられます。ハウスカード会員値引きを実施した場合には、一般販売価格から優待値引き額を減額した金額で売上の会計処理をすることになると考えられます。

たとえば、年間の買い物額に応じて翌年の値引き率が決まる下記のような優待の場合、昨年50万円以上を購入したお客様は、今年のお買い物については7％の値引きを受けることができます。この顧客が店頭で10万円の買い物をした場合の売上金額は、

　　100,000円×（100％－ 7 ％）＝93,000円

となります。

【(例) ある百貨店のハウスカード会員優待】

年間買い物額	50万円未満	50万円以上	100万円以上
優待値引き率	5％	7％	10％

去年はたくさん買い物したから、今年はいっぱい値引きしてもらえるわ♪

Q15 追加的な商品に対する顧客の権利（クーポン）

加工食品小売店である当社は、定期的に「1個無料キャンペーン」（特定の商品を買うと同じ商品の1個無料券をもらえ、キャンペーン期間中に提示すると無料で購入できる）を実施しています。このようなケースについて、IFRSにおける会計処理の留意点を教えてください。

A ファストフード店等で、ポテト1個無料券がもらえるサービスを見かけます。あの温かくておいしいポテトも、真冬にお持ち帰りをするとホクホクのポテトが冷めてしまい、特にキャンペーン期間が真冬だと「お持ち帰り」派の人は追加の無料1個もまた冷めてしまう運命に…。

さて、小売業においては無料の商品提供やクーポンの配布などのさまざまな販売促進手法がとられていますが、このポテトの例のように、商品の販売に伴って追加で商品を無料又は値引き価格で手に入れられる権利を顧客に提供することがあります。IFRSにおいては、これらの権利が顧客にとって重要なものである場合、顧客は実質的に将来追加で受け取ることになる商品に対して、当初の商品購入時にお店へ前払いをしていると考えます。なお、当該権利が顧客にとって重要なものかどうかについては慎重な判断が必要となりますが、顧客が契約を締結しなければ（上記の例では当初の商品を購入しなければ）得ることのできない権利がすべて重要ということではなく、例えば、その地域又は市場において、他の顧客に通常提供される範囲の値引きを上回る値引きを顧客が受けられる場合については、その権利は重要とされています。

冒頭のポテトのケースを例にとると、無料で1個追加のポテトをもらえることが「顧客にとって重要な権利」であると判断した場合には、顧客は実質的に追加で受け取る1個のポテトに対して食品小売店に前払いをしていると考えます。この場合、食品小売店は最初に商品を販売し1個無料券を提供した時点で支払を受けた金額すべてを売上計上することはできず、無料券の権利に係る金額を除いた分を一旦売上計上することになります。そして、追加で1個の商品を提供する時に前払いで受け取っている金額分の売上を計上することになります。

第2章 小売業におけるIFRSの論点Q&A

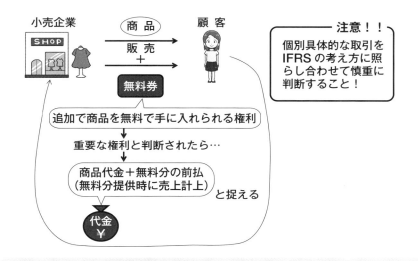

Column 追加的な商品に対する顧客の権利（設例）

＜前提＞

- ある食品小売店で販売しているポテトは通常1個150円。
- このポテトをキャンペーン期間内に購入すると、キャンペーン期間内のみ使える「ポテト1個無料券」を受け取ることができる。
- 無料券の合理的な使用率は70％と見積もられた。
- キャンペーン期間内に顧客がポテトを1個購入した場合の仕訳は？

＜仕訳例＞

- ポテト1個無料券の価格：150円×70％＝105円
- ポテト1個の販売額150円のうち、

 販売したポテト相当分：150円×{150÷（105＋150）}＝88.3円

 無料券相当分：150円×{105÷（105＋150）}＝61.7円

現金等	150	/売上	88.3
		/繰延収益	61.7

Q16 製品保証

家電量販店の当社は、メーカー保証とは別に無料製品保証サービスを行っています。この場合、商品の販売と製品保証サービスを区分して会計処理を行う必要があるでしょうか。

A お掃除を自動でしてくれるお掃除ロボット、毎日最高に美味しいご飯が炊ける高級炊飯ジャー、過熱水蒸気で調理する電子レンジ、と生活に便利なさまざまな家電商品が販売されています。家電量販店等においては、これらの商品に故障が生じた場合に備えて、メーカー保証（製品が本来の仕様に適合していることを保証するもの）とは別に、商品の延長保証や長期保証を顧客と約束する場合があります。このようなサービス型の保証に関して、IFRSでの取り扱いを考えてみましょう。

IFRSにおいては、サービス型の保証は顧客に「修理等のサービスを提供することを約束した」という義務であるととらえます。つまり、家電量販店は顧客へ商品を販売すると同時に、保証サービスを提供する責任を負うことになります。この場合、商品の販売と保証サービスとを区分して会計処理を行う必要があります。具体的には、保証サービスの販売価額を見積もり、お客様から受け取った商品の販売代金を「商品の販売」と「保証サービス」とに区分して、売上の計上を行う必要があります。

このようなサービス型の保証は、家電量販店等が無料で行う場合と有料で行う場合とがあります。質問のケースのように無料の場合には、受け取った商品の販売代金を商品及び保証サービスの独立販売価格の比率で配分することになります。また、有料の場合も無料の場合と同様に、受け取った販売代金の合計額（商品代及び有料の保証サービス代）を商品及び保証サービスの独立販売価格の比率で配分し、「商品の販売」と「保証サービス」とを区分して売上計上する必要があります。なお、有料の場合であっても、顧客へのサービスの意味合いが強く、非常に低廉な価格で保証サービスを引き受ける場合もあるかもしれませんが、「商品の販売」と「保証サービス」を区分する際には、独立販売価

格の比率で配分する必要があることに留意が必要です。

サービス型の保証として区分された代金は一旦売上を繰り延べられ、保証期間にわたって、あるいは実際の保証サービスの提供パターンに応じて売上として計上することになります。

なお、メーカー保証のようなアシュアランス型の製品保証については、IFRSは「欠陥のある製品を交換又は修理するという別個の義務」として捉えているため、製品を顧客に引き渡した時点でこの義務に対応する負債（引当金）と費用を計上するべきとしています。

【サービス型】

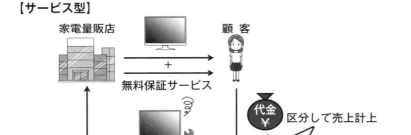

【アシュアランス型】

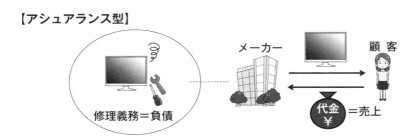

＜サービス型かアシュアランス型か？＞
・法律で製品保証の提供を要求されている場合、製品が合意された仕様に従っていることの保証のために特定の作業（例えば欠陥製品を返品するための運送サービス）を行う必要がある場合は、アシュアランス型である可能性が高い。
・保証対象期間が長いほど、サービス型である可能性が高い。

Column　　　　**プレミアム付きプリペイドカード**

　例えば、顧客に5,000円で5,500円の商品の購入ができるプレミアム付きプリペイドカードを発行しているケースについて、どのような会計処理になるのかを考えてみましょう。

　カードの購入により顧客は500円のプレミアムを得ますが、カードの発行側にとっては、将来に追加の商品やサービスを値引き価格で手に入れられる権利を顧客に提供したものと考えることができると思われます。

　この場合、プリペイドカード5,500円については、5,000円の対価で5,500円分の買い物ができることを顧客に対して約束しているため、顧客が商品を購入する都度、値引きの会計処理が行われることになります。

（プレミアム付きプリペイドカードの発行時）
現金等　　　　　　5,000　／負債（前受部分）　　5,000

（プリペイドカードの使用時－例えば3,000円使用された場合）
負債（前受部分）　2,727　／売上　2,727：3,000円×5,000円／5,500円

Column アパレル等メーカー側における収益認識の論点は？

(1) 売上の計上時期

　顧客が商品を自由に使用できるようになった時点、すなわち「顧客」が商品に対する支配を獲得した時点にて売上計上することが考えられます。

　小売企業にとって消化仕入の形態であれば、アパレルメーカーが直接最終消費者に販売していることになるため、そのような場合にはここでいう「顧客」は最終消費者が相当し、最終消費者に販売した時点で売上計上することが考えられます。

　また、買取仕入等、小売企業が本人として最終消費者に販売する場合には、アパレルメーカーは小売企業に販売していることになるため、ここでいう「顧客」は小売企業が相当し、小売企業に販売した時点で売上計上することが考えられます。

(2) 売上の総額表示・純額表示

　小売企業にとって、売上が総額表示か純額表示かについては重要な論点の一つでしたが、アパレルメーカーにおいては小売企業ほどの大きな影響は生じないと考えられます。

　すなわち、最終消費者に販売するまでアパレルメーカー側が支配を有しているのであれば最終消費者への販売価格にて売上を総額計上し、小売企業に引き渡した時点で小売企業に支配が移転しているのであれば小売企業への販売価格にて売上を総額計上することになることが考えられます。このため、アパレルメーカーにとっての顧客が誰かによって「いくらで」売上計上するのかが変わることになります。

第2節 棚卸資産

Q17 棚卸資産の原価の範囲

小売企業の物流経路においては、仕入先から小売企業の物流倉庫及び店舗までの流通費用及びその後の物流倉庫での保管費用や店舗間振替の流通費用が発生しますが、これらは棚卸資産の範囲に含まれるのでしょうか。

A 小売企業の流通経路において以下のような費用が発生すると考えられます。
① 仕入先から検収場所（小売企業の物流倉庫あるいは店舗）までの流通費用
② その後物流倉庫での保管費用や倉庫あるいは店舗間振替の流通費用

　IFRSでは、流通費用について、商品を通常の状態で販売できるようにするために発生した費用は棚卸資産に含めなければなりませんが、保管コストや輸送コストは、製造工程において必要でない限りは棚卸資産に含めることは認められていません。

　この点、①仕入先から小売企業の物流倉庫又は店舗にて検収するまでの流通費用は、当該商品を販売できる状態にするために不可欠な費用であり棚卸資産の原価に含まれます[2]が、②の小売企業の物流倉庫での保管費用や店舗間振替のための流通費用については、単なる商品の保管や自社内での移動であって、商品を通常の状態で販売するためにかかる費用ではないことになります。ただし大規模な小売企業の場合等で、一定の輸送及び物流コストが商品を通常の状態で販売できるようにするために不可欠な場合は、「製造」工程の一部と同様であると位置付けて、棚卸資産に含めることにも合理性もあると考えられます。

---

2 『IFRS 国際会計の実務　中巻』レクシスネクシス・ジャパン、489ページ参照

第2章
小売業におけるIFRSの論点Q&A

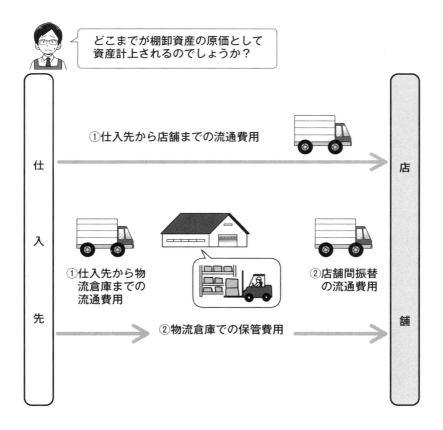

Q18 棚卸資産の範囲(貯蔵品)

商品以外にはどのようなものが棚卸資産の範囲に含まれますか。またその会計処理を教えてください。

A 棚卸資産というと小売企業では商品がまずもって思い浮かびますが、それ以外には商品を包む包装紙及び紙袋などや販売員のユニフォーム、コピー用紙や伝票類などの事務用消耗品も貯蔵品に含まれると考えられます。では、これらはどのように会計処理されるべきなのでしょうか。

IFRSにおいても、これらサービスの提供の際に使用される貯蔵品は、使用したものはその期の費用に、残った分はその期の棚卸資産として資産計上することとなります。ただし、重要でないものは購入した期に費用処理することも認められると考えられます。

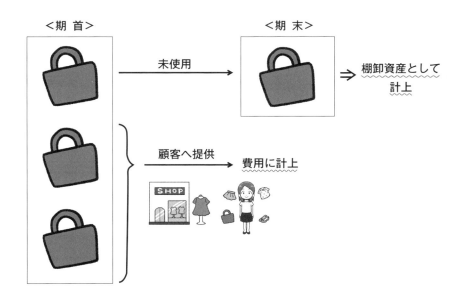

第2章
小売業におけるIFRSの論点Q&A

Q19 棚卸資産の範囲（広告宣伝関連の支出）

広告宣伝のためのチラシやDM、通販カタログなどの費用計上のタイミングを教えてください。

A 小売企業では、例えば百貨店ではDM、スーパー・家電量販店ではテレビCMやチラシなどさまざまな媒体を用いて広告宣伝をしています。このような広告宣伝のための支出は、IFRSではいつの時点で費用計上する必要があるのでしょうか。

この点、実際に発注したDMやチラシなどの物理的な納入時点で費用計上するのではなく、発注企業がアクセス権を獲得した時点（発注企業の指示において、いつでも供給業者から納品を受けることができる状態になった時点）で費用を計上することになります[3]。

では、なぜIFRSでは引渡し時点ではなく、アクセス権を獲得した時点に費用計上するのでしょうか。

それはIFRSでは物理的な納入時点を費用計上時点とすると、発注企業の都合で供給業者との契約の経済的実質に影響を及ぼすことなく、費用計上時点を恣意的に変更できてしまうため妥当でないと考えているからです[4]。

したがって、IFRSでは日本基準に比べて早めに費用を計上することが必要になりそうです。

3　IAS 第38号「無形資産」第69項参照
4　IAS 第38号「無形資産」BC46E 項参照

第2章 小売業におけるIFRSの論点Q&A

広告宣伝のためのチラシやDM、通販カタログなどの費用計上のタイミングは？

広告宣伝関連の支出

いままでは支出時に資産計上して、使用期限到来時に費用計上していた場合もある

| 広告宣伝のための支出 | チラシ・カタログ・DM納品可能 | 使用期限到来 |

IFRSでは、この時点から費用！

73

Q20 売価還元法(総論)

IFRSにおいて、売価還元法は認められるのでしょうか。

A コンビニやスーパーに行くと、食品、日用品、雑誌など、多くの商品が陳列されています。取り扱う商品の種類は多いですが、売価は値札を見れば一目瞭然です。では、原価(仕入原価)はどうでしょうか。値札には書いていないですし、特に食品など日々仕入値が変わるものは販売員でさえ把握できない場合が多く、多種多様な商品を取り扱う小売業を営む企業においては、「単品ごと」にそれぞれの「原価」を管理することが困難であるといわれています。そのため、日本では多くの小売企業が売価還元法により商品原価を計算しています。

売価還元法では複数品目の商品について値入率(商品の売価と原価の差額の原価に対する比率)が類似しているグループに集約し、グループごとの期末の「売価」に「原価率」を乗じて計算するため、単品ごとに商品の受け払いを管理する必要はありません。また、売価をベースに商品の管理をすることもできるなど小売企業にとって多くのメリットがあります。

<売価還元法の考え方>[5]

期末商品 = グループ別商品売価 × 原価率

IFRSでは、代替性がない商品の場合には個別法、それ以外の商品については先入先出法又は加重平均法を原則的な原価測定の方法として定めていますが、売価還元法も簡便法として使用が認められています。

ただし、売価還元法の採用には条件があり、現在日本基準で採用している売価還元法を、そのまま使用できない可能性があるため、注意が必要といわれています。

---

5 『業種別会計シリーズ 小売業』第一法規、174ページ参照

第2章
小売業におけるIFRSの論点Q&A

Q21 売価還元法（適用条件）

当社ではIFRS適用後も売価還元法を採用したいと考えています。しかし、IFRSでは売価還元法は原則的な方法ではなく、一定の要件の下で容認される方法だと聞きました。IFRSにおいて売価還元法を採用するための適用条件を教えてください。

A 売価還元法を採用する場合、複数品目の商品についてグループに集約して商品原価の計算を行うため、単品ごとに商品の受け払いを管理して商品原価を計算する場合と比較して、商品管理の負荷を軽減することができます。

その一方で、売価還元法は簡便的な計算方法であることから、単品ごとに商品原価を計算した実際原価と結果が乖離する可能性があるのも確かです。

そこで、IFRSでは、単品ごとの商品原価を計算した実際原価と売価還元法で計算した計算結果の乖離が小さいこと、すなわち、近似していることを売価還元法採用の条件としています。売価還元法の結果が実際原価と近似していることを検証するプロセスの構築が必要と考えらます。

この点、どの程度原価が近似している必要があるか、IFRSでは原則主義の下、特に明確な基準は明示されていませんが、そもそも小売企業が単品管理を経営管理上も必要と考えていないのであれば、棚卸資産の1つ1つの項目について、実際原価を計算し、売価還元法を適用した計算結果と比較することは現実的とはいえません。

そのため、売価還元法の結果が実際原価と近似していることを検証する具体的な方法（時期、頻度、対象範囲など）については、実務上対応可能なように事前に検討しておく必要があります[6]。

---

6 『IFRS 国際会計基準の初度適用』清文社、221ページ参照

第2章
小売業におけるIFRSの論点Q&A

経理担当者

うちは小売業なので
IFRSで売価還元法を
使おうと思っています…

会計士

売価還元法は簡便的な方法
ですが原則的な方法で計算
した結果と近似していることが条件となります

経理担当者

え、そうなんですか！！

売価還元法の計算結果が、原則的な原価配分方法による
計算結果と近似していることを検証するプロセスの構築が
実務上求められる可能性があります。

Q22 売価還元法（グルーピング）

IFRSにおける売価還元法適用にあたり、グルーピングする際の留意点を教えてください。

A IFRSでは、単品ごとの商品原価を計算した実際原価と、売価還元法で計算した計算結果が近似していることを売価還元法採用の条件としていますが、原則主義の下、単品ごとの商品原価を計算した実際原価と売価還元法で計算した結果がどの程度近似している必要があるか、特に明確な基準は示されていません。

よって、各企業の実態に応じて、売価還元計算による計算の結果が単品ごとに算定した実際原価と近似するように、例えばいかに「利益率」や商品の「回転率」の比較的近い商品ごとにグルーピングを行うか、ということがポイントとなりそうです。

ここでの「利益率」は商品の売上に対する利益の割合を、「回転率」はある期間で商品が何回入れ替わっているか、という在庫の回転の速さを指しています。

企業実態に応じての判断になりますが、「利益率」が大きく異なる定価販売商品とセール商品を同一のグルーピングにする場合や、「回転率」が大きく異なる食品と雑貨などを同一のグルーピングにするには、慎重な判断が必要といえるでしょう。

第2章
小売業におけるIFRSの論点Q&A

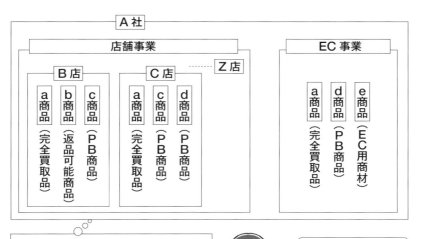

- 同じ商品だけど、店舗が異なる
- 同じPBだけど、商品が異なる
- 事業が異なる

いったいどうやってグルーピングすればよいのだろう？

＜売価還元法＞
グルーピングのポイント

- 「利益率」……売上に対する利益の割合
- 「回転率」……一定期間で商品が何回入れ替わっているかという在庫回転の速さ

↓

これらの比較的近い商品ごとにグルーピングする

79

Q23 原価配分方法の統一

当社はグローバルに展開しています。グループ会社で原価の測定方法を統一する必要性について教えてください。

A 棚卸資産の原価の配分方法には、個別法、先入先出法、加重平均法、簡便法としての売価還元法といった複数の計算方法があります。各社それらの計算方法の中から選択をして、適用することとなります。

グループ企業の場合、たとえ同じ小売業を営む子会社であっても、企業を取り巻く環境や経営戦略によって、採用しようとする原価の算定方法は異なる場合も多いと思われます。例えば、消費者のニーズを繊細に見極めることを重視している小売企業は、商品の単品管理化を進めています。このような小売企業は、単品ごとに商品の受払の管理ができることから、加重平均法等の採用を考えるものと思われます。一方で、費用対効果を勘案し、簡便的な方法である売価還元法の採用が妥当と考える小売企業もあるでしょう。日本基準においては、棚卸資産の評価方法は統一することが望ましいとされているものの、統一は必ずしも要求されていません。特に在外子会社では、統一されていない場合も実務上多いようです。

しかしながら、IFRSでは性質や使用方法が類似する棚卸資産について、企業は同じ原価測定方法を使用しなければならないとしていますので、留意が必要です。

ただし、同じ棚卸資産であっても、ある事業セグメントにおいては「商品」、別の事業セグメントにおいては「原材料」として使っている場合など、使用方法が異なる場合には、異なる計算方法が認められる可能性があります。

■原価の算定方法が異なる

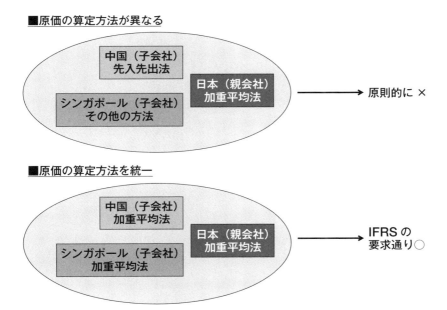

■原価の算定方法を統一

| Column | **IFRSにおける棚卸資産の原価測定方法** |

　日本の多くの小売企業が売価還元法を採用しています。しかし、IFRSにおいて売価還元法は、簡便法としては認められていますが、原価の測定方法における原則的な方法ではありません。ここでは、その原則的な方法（個別法、先入先出法、加重平均法）[7] について紹介したいと思います。

　時期により、同じ商品であっても、仕入の価格が変わることは珍しいことではありません。そのため会計上は、売れた商品の原価はいくらであったのか、また、残った商品の原価はいくらなのかを、一定の仮定をもって計算することとなります。

(1) 個別法

　この方法では、何が売れたか、売れた商品の仕入値はいくらだったかということを商品1点1点について厳密に管理して、払い出した商品の価格、最終的に残った商品の価格を把握します。なお、IFRSでは個別法は代替性のない資産のみに適用することが認められていますので、基本的に個別法は美術品や宝飾品など、一定の品目への使用に限られます。

(2) 先入先出法

　この方法では、先に仕入れた古いものから先に売れるものとして、期末に残った商品の価格を計算します。例えば、期末に3個の商品が残っていた場合には、計算上、最も新しい3個が残っていると仮定して、直近3個の仕入値を残った商品の価格とします。

(3) 加重平均法

　この方法では、仕入れた商品の平均単価を算出して、その平均単価＝期末の商品単価と仮定して計算します。

7　『完全比較　国際会計基準と日本基準　第2版』清文社、898ページ参照

これらの方法を採用した場合は、商品ごと、すなわち「単品」ごとに、商品がいくつ残っているのか、それらがいくらで仕入れたものなのか、の情報を管理することが必要となります。

　小売業では、取り扱う商品が極めて多いため、単品で管理することが不要な「売価還元法」を多くの企業が採用してきました。しかし、近年では、販売チャネルの多様化も加わり、ますます消費者の多様なニーズに迅速に対応する必要性が強まっており、また情報システムの発達によりインフラコストも低くなってきていることから、単品管理に移行し、先入先出法や加重平均法などの原価測定方法に変更を検討する企業も少なくないようです。

【■期首に8個仕入れて、期末までに5個販売した場合】

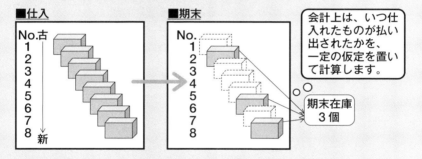

例えば…
　（1）個別法の場合
　　　→No.2、6、8の仕入れ値が期末の商品残高となります。
　（2）先入先出法の場合
　　　→No.6、7、8の仕入れ値が期末の商品残高となります。

第3節 有形固定資産

Q24 減価償却方法の決定

IFRSを採用する場合、減価償却の方法はどのように決めればよいですか？

A 小売業において金額の大きな有形固定資産といえば、店舗が思い浮かびます。店舗は賃借している場合もありますが、自社で建設した場合には、減価償却の方法次第で各年度における減価償却費の発生額が大きく異なる結果となるため、業績にも影響を与えることが考えられます。

それでは、減価償却の方法はどのように決めればよいのでしょうか。

IFRSにおける減価償却の代表的な方法には、定額法や定率法、生産高比例法などがあります。これらの中から一つを選択する際に重要となる考え方は、購入した固定資産から得られる効果（以後「経済的便益」といいます）の消費パターンを検討し、それを反映した減価償却方法を選択するという点です。

例えば、企業が安定的な使用を目的として購入した固定資産である場合は、安定的に経済的便益を消費することが予測されるため、定額法を採用することが適切な場合が多いと考えられます。一方で、耐用年数の前半に使用量が偏重するような固定資産を購入した場合であれば、固定資産の使用当初に集中して経済的便益が消費されると予測されるため、定率法を採用することが適切な場合が多いことが考えられます。

なお、日本の会計実務においては、法人税を計算する上で税務署に届け出た定額法や定率法などの減価償却方法を採用している場合が多くみられます。各固定資産の経済的便益の消費パターンを把握した結果、それが法人税法に基づく減価償却方法と乖離していなければ、必ずしも減価償却方法を変更する必要はなく、IFRSにおいても現行の減価償却方法を継続できるということも考え

られます。

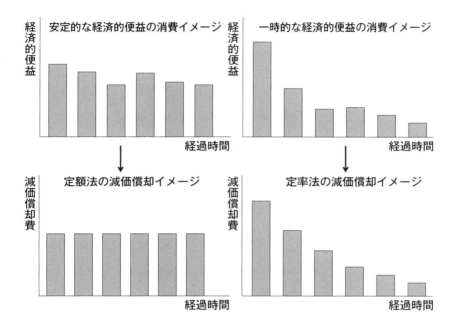

85

Q25 減価償却単位
IFRSにおける減価償却の単位の考え方はどのようなものですか？

A 小売業で利用する有形固定資産には、店舗などの不動産から店頭で使われている備品まで、多種多様な資産が存在します。また、「店舗」と一言で言っても、建物や内装、電気水道設備などさまざまな資産が一体となって構成されています。これら多くの資産の減価償却を行うにあたり、ひとつひとつの資産ごとではなく、ある程度まとめて減価償却することができれば、実務上の手間が省けるかもしれません。でもその一方で、あまりに大きなくくりでまとめてしまうのも適切ではなさそうです。そもそも有形固定資産はどのような単位で減価償却をしなければならないのでしょうか。

IFRSでは、ある有形固定資産の総額の中で金額的に重要性があれば、その重要性のある資産（重要な構成部分）を区分して把握したうえで、それぞれ個別に減価償却することを求めています。これは、ある有形固定資産を構成する各資産について、それぞれ適用すべき減価償却方法や耐用年数が異なる可能性があるからです。一方、重要性に応じて個別に区分して把握した重要な構成部分であっても、それらの中に耐用年数及び減価償却方法が同一のものがある場合には、同一のもの同士をグループ化して減価償却を行うことができます。

例えば、他社から居抜きで店舗を購入した場合を考えてみましょう。店舗は建物の躯体や内装、電気水道設備、商品陳列棚などの多種多様な資産から構成されています。これらの資産は、それぞれ使途や使用期間が異なることから、別々の耐用年数や減価償却方法を採用することが適切と考えられます。この場合、企業はこれらの資産を別々に減価償却の単位とすることが必要となります。

一方で、例えば、店舗全体を数年後に売却する使用計画が立てられた場合には、売却が予定されるすべての資産の耐用年数及び減価償却方法を同一にすることが適切な場合も考えられます。この場合、企業は店舗全体をグループ化し、一つの減価償却単位とすることが考えられます。

なお、日本基準では減価償却の単位について特に明確な定めはないため、実務上は法人税法の耐用年数表などの区分により決定されている場合が多くみられます。この税務上の区分は詳細に区分されているため、IFRSに従って区分した減価償却の単位と比較しても、大差はないかもしれません。ただし、「○○一式」というように、複数の資産がまとめて固定資産台帳に登録されている場合などは、異なる耐用年数や減価償却方法を採用すべき資産がひとまとめにされていないか、留意が必要となります。

```
         ┌─────────────────────────────┐
         │       購入した固定資産        │
         └──────────────┬──────────────┘
                        ▼
```

①購入した固定資産から重要な構成部分を区分して認識する

重要な構成部分①	重要な構成部分②	重要な構成部分③	重要な構成部分以外の部分

```
                        ▼
```

②識別した重要な構成部分をグループ化する

減価償却の単位①	減価償却の単位②	減価償却の単位③

Q26 耐用年数の決定

IFRSにおける耐用年数の考え方を教えてください。法定耐用年数を使用していますが、変更が必要でしょうか。

A 企業は、数十年間使用を続ける建物から特定の販促イベントでのみ使用する備品まで、多種多様な資産を有していますが、それぞれ何年で減価償却を行えばよいのでしょうか。この減価償却を行う年数を表すものが耐用年数ですが、特に店舗など金額が大きな資産を有する場合には、この耐用年数が何年かによって各事業年度の業績に大きな影響を及ぼすことになります。

では、耐用年数はどのように決めればよいのでしょうか。

耐用年数といえば、資産が壊れずに何年使用できるかという物理的な使用可能年数を思い浮かべるかもしれませんが、IFRSでは、耐用年数は期待効用の観点から決めなければならないとしています。「期待効用」とは、言い替えれば「その資産を何年で使用することを意図しているか？」ということです。この観点では、物理的な使用可能年数だけでなく、将来の使用方法や経営ビジョンを踏まえた総合的な判断が必要となります。

例えば、将来の使用計画の観点から考えてみましょう。購入した資産の耐久性からは10年以上使用できるものの、使用計画では8年目に取り替えることを予想する場合、この資産の耐用年数は8年が妥当と判断されます。

一方で、予測は実績と異なることもあることから、過去の実績の観点から考えてみることも有用でしょう。固定資産台帳を調べると、耐用年数を経過しているにもかかわらず、使用され続けている資産を見かける場合があります。この場合、使用実績と耐用年数が異なっている可能性も考えられるため、同様の資産を購入する際には、過去の使用実績を考慮する必要があると考えられます。

なお、日本の会計実務では法人税法上の耐用年数（以下「法定耐用年数」といいます）を採用している場合が多いと考えられます。法定耐用年数とは法人税の計算から恣意性を排除するために「構造・用途」や「細目」ごとに定められ

た耐用年数を言い、企業はこれによって画一的に耐用年数を採用することになります。一方で、IFRSでは、各資産の期待効用の観点から耐用年数を決定しなければならないため、法定耐用年数を無条件に採用することは認められません。ただし、期待効用の観点による耐用年数が法定耐用年数と大きくかい離していない場合には、法定耐用年数をIFRSに即しても妥当な耐用年数であると判断し、その結果として法定耐用年数が継続して採用されることも考えられます。

―― 耐用年数の決定に当たって考慮しなければならない要因 ――
- 資産の予測される使用量
  資産の予想生産能力又は実際生産高を参考にして検討されます。
- 予測される物理的自然減耗
  資産を使用する操業シフトの回数、修繕及び維持計画、休止中の資産の管理及び維持などの操業上の要因に左右されます。
- 技術的又は経済的陳腐化
  生産技術の変化や向上、又は当該資産によって製造される製品もしくは提供される役務に対する市場の需要の変化から生じます。
- 資産の使用に対する法的又は類似の制約
  関連するリースの満了日などがあげられます。

実務上、将来の使用方法や維持修繕計画、過去に購入した有形固定資産の使用実績などさまざまな要因を考慮して判断することになります。

Q27 耐用年数の決定（改装サイクル）

店舗の改装サイクルが予め決まっている場合、耐用年数の決定に影響がありますか？

A ショッピングモールやスーパー、家電量販店などで店舗の改装（リニューアル）を行っている光景や、百貨店のテナントである有名ブランドがたびたび改装を行って様変わりしている光景は、よく目にするところです。このような改装は、小売業にとって販売促進活動の一環として重要な位置づけにあるため、あらかじめ季節ごとや数年ごとのように改装サイクルを決めている場合があります。この改装サイクルは有形固定資産の耐用年数に影響を与えるのでしょうか。

有形固定資産の耐用年数は、期待効用（その資産を何年で使用することを意図しているか？）の観点から決めなければなりません。そのため、あらかじめ改装サイクルが決まっている場合、関連する資産の耐用年数は、そのサイクルも考慮したうえで決定する必要があると考えられます。

改装サイクルは、社内で改装方針を定めていたり、テナントとの契約書に記載されていたりするケースが多いと思われますが、一方で、これらで定められたサイクル通りに改装が行われていない場合も考えられます。そのため、改装方針や契約書の内容を参考に、実態に沿うように耐用年数を決定することが必要と考えられます。

Column 経営者の交代が固定資産の減価償却に影響を与える？

　IFRSでは経営者の交代が減価償却に影響を与えるかもしれません。減価償却方法や耐用年数の決定には各資産の使用方針が反映されていなければなりませんが、この使用方針は経営者の考えによって変更される可能性があるためです。

　例えば、店舗の投資に積極的な経営者から、保守的な姿勢の経営者に交代した場合、前者は「5年」で店舗の投資を回収すると見込んでいたのに対し、後者は「8年」で回収すると見込んだ場合、もともと5年の耐用年数で償却していた店舗資産を8年の耐用年数へ修正する必要があるかもしれません。

　上記では経営者が交代した場合を例にとりましたが、この例に限らず、耐用年数や減価償却方法の前提となっている将来予測に重要な変更があった場合には、耐用年数や減価償却方法の修正が必要となります。このような修正が必要かどうかの検討は、少なくとも期末日ごとに行わなければなりません。修正の要否は金額的な重要性も考慮して検討されることが考えられるので、必ずしも変更があった場合のすべてについて修正が必要となるわけではありません。修正する場合には、過去に行った減価償却は修正せず、将来に向かって修正を行うことになります。

Q28 借入費用の資産化（総論）

新規に店舗等を取得・建設する際に借入資金を利用する場合、何か留意しなければならない点はありますか。

A 小売業においては、店舗のスクラップ・アンド・ビルドが頻繁に行われています。例えば、百貨店業では、定期的に店舗単位の大規模な改装が行われていますし、多店舗展開しているスーパーマーケット業、家電量販店業、ドラッグストア業等では、収益基盤の拡大等を目的として毎年のように新規出店が行われています。このような大規模投資には多額の資金が必要となりますが、手元資金を利用するほかに、借入によって必要資金をまかなう場合も多いと考えられます。

IFRSにおいては、「一定の要件」を満たす資産を購入・建設・生産した場合、その資産を購入等することを「直接の理由として」支払われた利息などの借入費用を、その資産の取得原価の一部として資産計上することが求められています。

ここで「一定の要件」を満たす資産とは、その資産を当初の目的通りに使用できる状態とするまでに相当の期間を必要とする資産をいいます。例えば、新しい店舗を建設する場合で、建設をはじめてから店舗がオープンするまでに相当の建設期間が必要なのであれば、この要件を満たすことになります。この場合、店舗建設のために支払った利息については、建設費用などと同じく有形固定資産として計上することになります。一方、例えば他社から店舗を購入した場合で購入後あまり期間をおくことなく新店舗をオープンできるのであれば、この要件は満たさず、購入のために利息を支払っていたとしてもこれを資産計上することにはなりません。

なお、この「相当の期間」は基準上明確に定められていないので、どの程度の期間が「相当の期間」であるかは各企業の実態に応じて判断する必要がありますが、当初の目的どおり使用できる状態となるまでに通常12か月以上を必要とする場合は、一般的に「相当の期間」に該当すると考えられます。

第2章
小売業におけるIFRSの論点Q&A

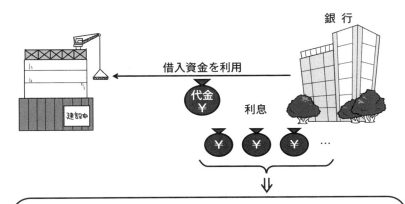

「一定の要件」を満たす資産を購入等することを直接の理由として支払われた利息などの借入費用は、その資産の取得原価の一部として資産計上

「一定の要件」を満たす資産とは…
その資産を当初の目的どおりに使用できる状態とするまでに相当の期間を必要とする資産
　　　︙
　　通常、12か月以上を必要とする場合は一般的に該当する

Q29 借入費用の資産化(借入費用の範囲)

IFRSにおいては、一定の要件を満たす資産を購入等した場合、それを直接の理由として支払った借入費用を当該資産の取得原価に含めて計上することが必要とのことですが、当該資産の購入等と直接紐付けられる借入金の借入費用のみが対象であるとの理解でよいのでしょうか。

A 企業の借入金にはさまざまな目的によるものが含まれていますが、支払った借入費用のうちどの部分がその資産を購入等することを「直接の理由として」支払われたものなのか、どのように判断すればよいのでしょうか? これについては「その資産に係る支出が行われなかったならば、その借入費用の発生が避けられたかどうか」で判断します。

例えば、店舗を建設する目的で必要資金を借り入れた場合には、店舗の建設がなければ資金を借り入れることもなく、当然に利息の支払いも発生しなかったでしょうから、当該借入金の利息は店舗建設を直接の理由とするものといえます。

このように特定の資産を取得するために特別に資金を借り入れる場合は、両者の関係が明確なのでわかりやすいのですが、気を付けなければならないのは、一般的な目的で借りていた資金を特定の資産を取得するために用いる場合にも「直接の理由として」に該当し得るということです。

例えば、一般的な目的で借りておいた資金を店舗建設に用いる場合、これは「借入金を返済することによって利息の支払いを回避する」という選択肢を選択しないことを意味します。店舗の建設がなければ借入金を返済でき、利息の支払いも発生しなかったでしょうから、当該借入金の利息も店舗建設を直接の理由とするものとなるわけです。

なお、一般的な目的による借入金については、その借入費用のうち資産計上すべき部分を特定するのが難しくなりますが、IFRSでは「資産の取得に係る支出×資産化率(特定の資産を取得するために特別に行った借入金を除いて計算した、当期中の借入金残高に対応する借入費用の加重平均(当期利息費用合計額÷加

重平均借入額合計))」として求めることとしています。

**一般的な目的による借入金の借入費用のうち
資産計上すべき部分を特定する公式**

資産として計上する借入費用 ＝ 開発に係る支出 × 資産比率

資産比率 ＝ 当期利息費用合計額 ÷ 加重平均借入額

Q30 借入費用の資産化（資産計上すべき期間）

IFRSにおいては、一定の要件を満たす資産を購入等した場合、それを直接の理由として支払った借入費用を当該資産の取得原価に含めて計上することが必要とのことですが、具体的にはどの期間に発生した借入費用を資産計上する必要があるのでしょうか？

A 例えば新規に店舗を建設するために資金の借入を行う場合、具体的にどの期間に発生した借入費用を資産計上しなくてはならないのでしょうか？　資金を借り入れてから返済するまでに支払うすべての利息を資産計上しなくてはならないのでしょうか？

IFRSでは借入費用を資産計上すべき期間を次のように定めています。

まず、借入費用の資産計上を始める日については、企業が以下の全ての条件を満たした時点としています。

① 資産に係る支出が発生していること
② 借入費用が発生していること
③ その資産を当初の目的通りに使用できる状態とするために必要な活動の着手（以下、「③活動の着手」といいます）

「③活動の着手」には、資産の物理的な建設や、物理的な建設開始前の許可獲得関連活動のような、技術的作業や管理的作業などが該当します。

例えば、新規店舗の出店にあたって、店舗建設プロジェクトの計画に基づいて資金計画・資金調達がなされたのち、建設工事開始に伴って代金の支出が行われたという過程を経たと仮定しましょう。

これを前提とすると、②は資金調達により、③は建設工事開始前には充足していると考えられるため、建設工事に係る代金の支出、すなわち①が最も遅く発生していると考えられます。以上より、上記の新規店舗の出店フローにおいては、①の「資産に係る支出の発生」を客観的に捉えられる日を、資産計上を始める日とすることになりそうです。

次に、借入費用の資産計上を終える日については、その資産を当初の目的通りに使用できる状態にするための活動が実質的に全て完了した時点としています。ここで、実質的にすべて完了した時点とは、資産の物理的建設が完了した時点をいい、経常的な管理的作業が依然として継続する場合も含みます。先述の新規店舗の出店フローにおいては、店舗の建設工事が完了すれば、例えば使用者の仕様に合わせるための内装作業など多少の変更作業のみが残っている程度であれば実質的には全ての活動が完了したことになりますので、借入費用の資産化を終了しなければなりません。

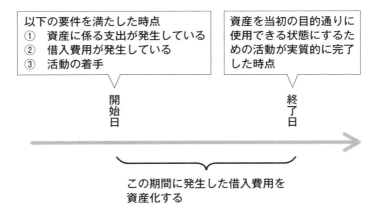

第4節　リース

Q31 借地権の会計処理

借地権については、IFRSでも日本基準と同じく無形資産として会計処理することになるのでしょうか？

A 全国各地で店舗を構え事業を展開しているコンビニエンスストア、スーパー、百貨店などの小売業の場合、地主から土地を賃借し、その土地に自社の店舗を建設するケースは珍しいことではありません。このような場合に、賃借人が地主から急な立ち退きなどを要求されてビジネスが混乱することを避けるため、賃借人の立場を「権利」として保障するものが「借地権」です。

現行の日本の会計基準には、借地権に関する具体的な会計処理を定めたものはなく、会計実務上は法人税法上の取扱いに準じて会計処理しているケースが多いと考えられます。具体的には、借地権の設定をしてその対価として権利金を支払ったときに、借地権を貸借対照表に無形固定資産として計上します。借地権については非償却の資産とし、償却計算は行いません。

一方のIFRSにも借地権に関する具体的な会計処理を定めたものはないため、経済的な実態に基づいて会計処理を行なう必要があります。

通常、土地の借手は、借りた土地の上に自社の店舗などを作り、自らの事業を展開したいと考えます。このとき、借手は賃借期間に応じて賃料を支払うことになりますが、貸主側にとっては契約期間中の土地の利用に制限が生じることになります。借地権は、この長期間に渡って土地を賃借（リース）する権利を得るために支払った対価であるといえます。リースとは「貸手が一括払又は複数回の支払を得て、契約期間中、資産の使用権を借手に移転する契約」と定義されており、この要件を満たせばたとえ土地であってもリースとして取り扱

われます。リースの分類（ファイナンス・リースあるいはオペレーティング・リース）について検討した結果、オペレーティング・リースに該当する場合には、当該借地権は、借地権の支払いにより賃料が市場賃料よりも低く抑えられることから土地のリース料の前払いの一部であると整理することができます。そして、前払リース料である借地権はリース期間にわたって償却を行うことになります。

なお、借地権の金額は多額にのぼるケースも多いと思われることから、契約内容等を参照して経済的実態を正確に把握したうえで、適切な会計処理を慎重に検討する必要があると考えられます。

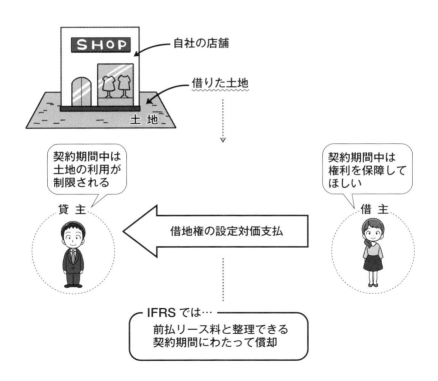

Q32 契約にリースが含まれる場合

IFRSでは「リース契約」以外の契約であっても、リースに関する基準に従った会計処理を行うことが必要な場合があると聞きましたが、どういうことでしょうか。

A 「リース」と聞くと、みなさんならまず何を思い浮かべるでしょうか。会計の世界ではその取引が「リースに該当するかどうか」によって会計処理が決まりますが、この「リースに該当するかどうか」の判断について、IFRSにおいては、契約書に「リース契約」と明記されているかどうかといった外見はあまり重要ではなく、実質的に判断することが求められます。

具体的には、IFRSにおけるリースの定義は「貸手が一括払又は複数回の支払を得て、契約期間中、資産の使用権を借手に移転する契約」と定められていますので、「法的にリース契約ではないのでリースの会計処理をしなくてもよい」という結論になるとは限らず、法的形式とは別に上記の定義に当てはめてリースに該当するかどうかを判断する必要があります。

とはいえ、これはそれほど簡単なことではありませんので、IFRSでは、契約が「リース契約」の形式をとっていないものの、実質的にリースに該当すると判断しなければならない場合があることを前提に、ガイダンスを示しています。具体的には、次の2つの要件を共に満たす場合、リースに該当するもしくはリース契約を含むこととされています。

（a）契約の履行が、特定の資産又は資産グループの使用に依存する。
（b）契約により、当該資産の使用権の移転が生じる。

また、ガイダンスでは具体例として以下のようなものを挙げています。
- アウトソーシング契約全般
- 通信業界に多く見られる空き容量に係る権利を他社に提供する契約
- 購入者が約した製品又はサービスの引き渡しを受けるか否かにかかわらず、所定の支払を行う引取保証（テイクオアペイ）契約など

これらはあくまでも例示であり、実質的な判断が必要となることに注意が必要です。

　小売業において検討が必要となる可能性のある取引としては、例えば、特定の商品について外部業者との間に製造委託契約を締結している場合などに留意する必要があると考えられます。

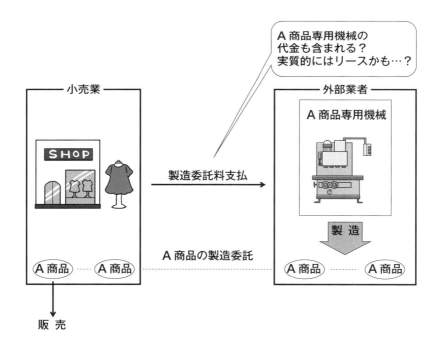

Q33 オペレーティング・リース

IFRSではオペーティング・リースについてもオンバランス処理が必要と聞きましたが、その背景を教えてください。

A IFRSにおけるリースに関する基準については、現在改正作業が進められており、最終的な改正後の基準は2015年末に公表される見込みです。この改正後の基準においては、リース取引の借手は大半のリースをオンバランス化することになる見込みとされています。

現行のリースに関する基準においては、リース取引はファイナンス・リースとオペレーティング・リースとに分類され、ファイナンス・リースの借手にはリース取引の対象となる資産のオンバランスが求められる一方、オペレーティング・リースの借手は、通常の賃借取引と同じくリース料を費用として計上すればよく、リース取引の対象となる資産についてはオフバランスとなっています。

一方、改正後の基準では「使用権」に着目した使用権モデルが提唱されており、「資産を使用する権利を一定期間にわたり対価と交換に移転する契約」というリースの定義に該当すれば、ファイナンス・リースとオペレーティング・リースに分類することなく、リース取引から生じた資産及び負債を計上するという会計処理が求められることになります。ただし、少額資産リース及びリース期間が12か月以内の短期リースについては一定の免除規定が設けられています。

日本の現行の会計基準では、オペレーティング・リースは賃貸借取引に準じた会計処理が容認されているため、通常はオフバランスになっているケースが多いと思われます。小売業においても、店舗や土地を賃借するなどオペレーティング・リースを利用しているケースは多いと思われますので、この公開草案が確定すると実務に与える影響はかなり大きいと考えられます。

第2章 小売業におけるIFRSの論点Q&A

【現行のリース基準】

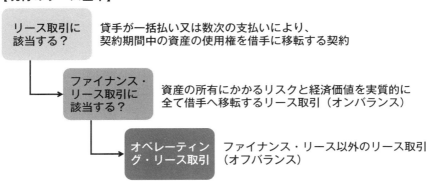

【土地・建物をオペレーティング・リースしている場合】

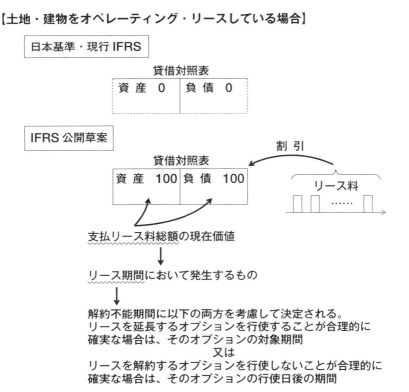

第5節 投資不動産

Q34 投資不動産とは

当社の保有する固定資産の中には、他社に賃貸している土地・建物もあるのですが、IFRSにおける会計処理について留意すべき点はありますか。

A 小売業を営む企業が保有する不動産の代表例としては店舗や物流センターなどが思い浮かびますが、企業によっては本業を行うために保有している不動産のほかに、他社に賃貸している不動産を保有しているケースもあると思われます。例えば、もともと自社の店舗であった建物を他社に賃貸したり、物流の効率化を進めた結果として自社では使用しなくなった倉庫の空きスペースを他社に賃貸したり、といったことがあるのではないでしょうか。

IFRSでは、賃貸収益や売却益の獲得を目的として保有している不動産（土地・建物など）を「投資不動産」と定義しています。冒頭で挙げた他社に賃貸している不動産はその典型例といえますが、一方で、製品の製造、商品の販売、サービスの提供を行うために利用する不動産や、本社ビルなど経営管理目的に利用する不動産、また不動産業のように不動産の販売自体を通常の営業活動としている企業が保有する不動産については投資不動産には含まれません。

投資不動産に該当すると、通常の有形固定資産とは一部異なる会計処理が求められるので留意が必要です。

具体的には、投資不動産については、当該不動産を「いくらで」計上するかについて「公正価値モデル」又は「原価モデル」のいずれかを選択しなければなりません。「公正価値モデル」を選択した場合には、すべての投資不動産を毎期公正価値（時価）で計上する必要があります。時価には変動がつきものですが、時価の変動から生ずる評価損益については毎期損益計算書の純損益として計上します。一方、「原価モデル」を選択した場合には、通常の有形固定資

産の会計処理と同じく、取得原価から減価償却累計額及び減損損失累計額を控除した金額で計上することになります。

なお、「原価モデル」を採用した場合でも、投資不動産の公正価値(時価)等の情報を注記で開示しなければなりません。注記のために時価情報の入手を毎期行う必要がありますので、どちらのモデルを採用しても、時価評価に係る実務的な負担はほとんど変わらないことに注意が必要です。

| 投資不動産の評価 | 選択適用 | 公正価値モデル | 投資不動産を公正価値で計上する |
| | | 原価モデル | 投資不動産を原価で計上する ただし、公正価値を注記で開示 |

上記の通り、どちらの方法を適用しても、投資不動産の公正価値に係る情報は必要になるのです

Q35 複数用途の投資不動産

不動産の一部を他社に賃貸している場合、当該不動産は投資不動産に該当するのでしょうか？

A 不動産を賃貸する場合、一つの土地や建物をまるごと賃貸するケースのほかに、不動産の一部を賃貸するケース、例えば、自社倉庫の空いているスペースを有効利用のために他社へ賃貸したり、自社ビルの一部のフロアを他社へ賃貸したりするケースも、比較的よくあることではないでしょうか。このように、ひとつの不動産の中に賃貸部分と自己使用部分とが併存している場合、つまり、ひとつの不動産が「投資不動産（賃貸部分）」及び「投資不動産以外（自己使用部分）」の両方の目的で使用されている場合、この不動産は投資不動産に該当するのでしょうか？

IFRSでは、投資不動産部分（賃貸部分）について個別に売却又はファイナンス・リースすることができる場合には、賃貸部分と自己使用部分とを区別したうえで個別に会計処理することを求めています。この場合、自社利用部分は有形固定資産として、賃貸している部分は投資不動産として会計処理することになります。

なお、「個別に売却又はファイナンス・リースすることができる場合」とは決算期末時点で実際に可能な状態であることが必要と考えられます。将来のある時点で売却すること等を決定すればその時点で実行可能である、という程度では不十分な場合もあると考えられますので、実態に応じて慎重に検討することが必要です。

一方、個別に売却又はファイナンス・リースすることができない場合には、投資不動産以外（自己使用等）の目的で使用している部分の重要性が低い場合に限り、当該不動産「全体」を投資不動産として取り扱うことになります。逆に自社使用部分の重要性が高いのであれば、当該不動産の「全体」を有形固定資産として会計処理することになります。なお、IFRSは「重要性」の有無について具体的な判断基準を示していないので、各社の実態をふまえて判断指針

第2章
小売業におけるIFRSの論点Q&A

を設ける必要があります。

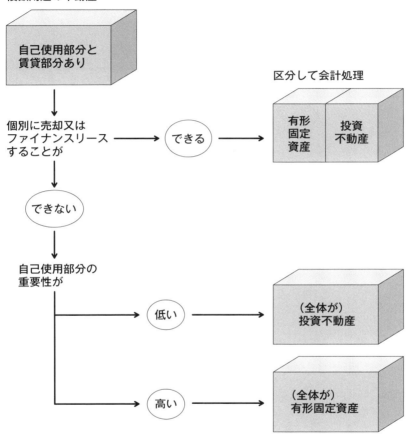

第6節　資産の減損

Q36　減損テストのプロセス
IFRSでは減損損失の計上が増えると聞きましたが本当ですか。

A 新しい店舗を建設することを計画した場合には、その新店舗が建設に要する投資額を十分に上回る利益を継続して稼ぎだすことができるかどうか、慎重な検討を経たうえで計画を進めるか否かの意思決定が行われることが多いと考えられます。この点、計画した時点では十分な利益を確実に得られるであろうと予想していても、その後の経営環境の変化などにより、当初想定していたほどには利益が得られず、投資額を回収できるかどうかも怪しくなってくるといったことは、十分に想定されることと考えられます。

このように、過去に行った投資が回収できそうにない場合には、固定資産として計上した金額を将来回収ができると見込まれる価値まで切り下げる必要がありますが、このときに計上される評価損が「減損損失」となります。

日本基準においては、過去に行った投資が回収できないことが相当程度に確実な場合に限って減損損失を計上する会計処理が行われていますが、IFRSでは、将来の回復可能性を見込むというよりは、比較的ストレートに貸借対照表日時点で回収可能な金額を財務諸表に反映させることに主眼を置いています。そのため日本基準より厳しめに減損の要否が判定される結果となり、比較的早い段階で減損損失が計上される傾向にあります。そしてその結果として、減損損失計上後の状況の変化に応じて、日本基準では要求されていない減損損失の戻入を義務付けている点（のれんを除く）が、IFRSの特徴的なところといえるでしょう。

「日本基準より厳しめ」の具体例を一つご紹介しましょう。次ページの図は減損の要否検討（以後「減損テスト」といいます）の過程を示していますが、日

本基準では3つのステップにより減損が計上されるのに対して、IFRSでは2つのステップにより減損が計上されることが見て取れると思います。つまり、日本基準では減損の兆候（投資額を回収できないかもしれない兆し）があっても、ステップ2の判定をクリアすれば減損テストは実施されませんが、IFRSではステップ2の判定の段階がなく、ダイレクトにステップ3に進むことになります。このことから、IFRSではより早い段階で減損損失が計上される可能性が考えられます。

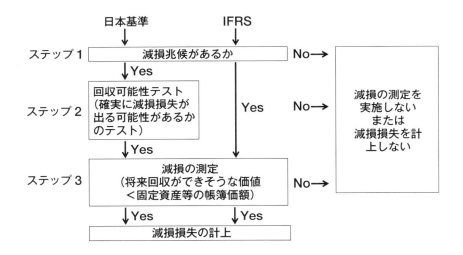

（注）減損の兆候の有無にかかわらず、耐用年数を確定できない無形資産又はいまだ使用可能ではない無形資産、企業結合で取得したのれんについては、毎期ステップ3（減損の測定）を実施しなければならないので、留意が必要です。

Q37 減損の兆候とは
減損テストの最初のステップで検討する「減損の兆候」とは何ですか。

A 日本基準でもIFRSでも、保有する資産に対して定期的に減損の要否を検討することを求めていますが、決算のたびに所有する固定資産のすべてについて投資額の回収が可能かどうかを（例えば、将来の利益計画を吟味したり不動産の時価を調査したりするなどして）一つひとつ検討するのは、手間も時間もかかる煩雑な作業となることが想定されます。

そこで、いずれの基準においても、投資額の回収が困難になってきていると思われる兆し、すなわち「減損の兆候」をタイムリーにとらえ、その兆候が見られる固定資産に焦点を絞って減損の要否を詳細に検討する、というアプローチが採られています。

では「減損の兆候」とは具体的にどのような状況を指すのでしょうか。

一例としてコンビニチェーンをイメージしてみてください。駅前のA店は客足が絶えず利益をたくさん生み出しています。ところが、郊外のB店ではお客さんがまばらで赤字営業をしています。この場合、A店では利益をたくさん生み出していることから投資額の回収についての心配はなさそうですが、B店ではこのまま赤字営業が続くと店舗への投資額すべては回収できない可能性があります。このB店の状況のように、投資額を回収できない可能性が高い状況が発生している場合に、「減損の兆候がある」といいます。

上記は典型的な例ですが、IFRSではその他にも「減損の兆候」の例示を挙げていますので、少なくともここに挙げられている状況が生じていないかどうかについては検討する必要があります。なお、これらはあくまで「例示」であり、「減損の兆候」のすべてを網羅するものではないことに留意が必要です。

第2章
小売業におけるIFRSの論点Q&A

Q38 減損の兆候（より広範囲の状況に基づく検討）

IFRSではより早期に減損の兆候が把握されると聞きましたが、それはどういうことですか。

A 日本基準においても「減損の兆候のある固定資産に焦点を絞って減損の要否を詳細に検討する」というIFRSと同様のアプローチがとられていますが、「減損の兆候」として例示されている項目には両者に違いが見られます。

一つ例をご紹介しますと、IFRSでは予算よりも業績が著しく悪化しているような場合にも減損の兆候があるとされています。すなわち、業績が予算を大幅に下回った場合や、当期の業績は良かったとしても将来の予算と当期の業績を合計した場合に損失が発生するような場合には、「減損の兆候」が存在する可能性があると例示されているのです。日本基準においてはこのような予算と実績の乖離に着目した例示は挙げられていませんので、IFRSにおいては予算の精度や予算と実績の差異分析がより重要なポイントとなってくるかもしれません。

このようにIFRSではより広い範囲の状況証拠に基づいて兆候を検討することになるため、より早期に「減損の兆候」が把握される可能性が考えられます。

＜減損の兆候の例示＞

（外部要因）
- 当期中に時の経過又は正常な使用によって予想される価値の低下以上に、資産の市場での価値が著しく低下している。
- 企業をとりまく環境等において、当期中に企業にとって悪影響のある著しい変化が発生した。又は、近い将来に発生すると予想される。
- 資産の使用価値（資産が将来生み出すであろう正味キャッシュ・フローの現在価値）の算定に使われる割引率に影響を及ぼす市場金利等の変動により、将来回収可能な額が著しく減少することが見込まれる。
- 企業の純資産の額が、その企業の株式の時価総額を超過している。

（内部要因）
- 資産が陳腐化している、又は資産に物的損害がある。
- 資産の使用範囲や方法に関して、当期中に企業にとって悪影響のある著しい変化が発生した。又は、近い将来に発生すると予想される。
（資産の遊休化、資産の属する事業の廃止やリストラクチャリングの計画、予定よりも早い時点での資産の処分の計画、など）
- 資産が生み出す利益やキャッシュ・フローが予想以上に悪化している。又は、悪化することが予想される証拠がある。
- 当初予算よりも、当該資産を取得するために必要な資金又はその後の資産の操業や維持に必要な資金が著しく高額になる。
- 資産から発生する営業損益又は正味のキャッシュ・フローが予算よりも著しく悪化している。
- 資産から発生する予算化されていた正味キャッシュ・フロー又は営業利益の著しい悪化、又は予算化されていた損失の著しい増加。
- 当期の数値を将来の予算上の数値と合計した場合の、当該資産に関する営業損失又は正味キャッシュ・アウトフロー。

Q39 減損の兆候（純資産と時価総額の比較）

「減損の兆候」の例示に「企業の純資産の額が、その企業の株式の市場価値（時価総額）を超過している」場合が挙げられていますが、この場合には例外なく減損の兆候ありと判断し、次のステップに必ず進む必要がありますか。

A まず、「企業の純資産の額が、その企業の株式の市場価値（時価総額）を超過している」場合とはどのような場合を指すのでしょうか。

上場株式については、企業の価値を測定する一つの指標として、時価総額（株価×発行済株式数）を容易に算定することができます。時価総額は、その企業の利益や資産が大きいほど、また将来の成長への期待が大きいほど、大きな数値となることが一般的に考えられます。IFRSではこの株式の時価総額がその企業の純資産の帳簿価額を下回る場合を「減損の兆候」の例示として挙げています。

「企業の純資産の額が時価総額を超えている」ということは、市場すなわち投資家等が「この企業は自分自身を過大評価しているのではないか」「財務諸表に計上されている純資産の金額よりも実質的な純資産の金額は小さいのではないか」「現在の金額よりも評価をさらに下げるべき資産がまだ残っているのではないか」などと考えていることが可能性として考えられます。

ただ、株式市場全体が低迷しているような局面においては比較的多くみられる現象と考えられることから、このような状況に該当した場合に全資産について減損テストを行うべしとなれば、実務的には対応が大変そうです。減損の兆候の例示として挙げられている以上、まずは「減損の兆候あり」と判定する必要はありますが、直近の決算における減損テストにおいて十分な余裕をもって投資額を回収できるという結果が出ており、かつ、現在においてもその状況に大きな変化が無いと想定される場合など、明らかに減損の必要が無いと考えられる場合には、次のステップ（帳簿価額と割引後キャッシュ・フローの比較）にあえて進む必要はないと考えられます。しかし、そのような場合以外について

は、時価総額がなぜ純資産を下回っているのかの分析も含め、企業の実態をふまえて、次のステップに進むことを慎重に検討する必要があると考えられます。

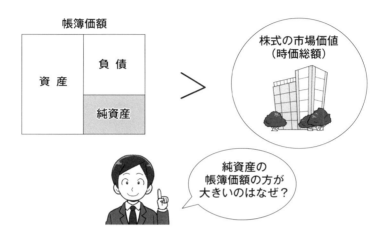

Q40 減損の戻入の兆候

減損の戻入の兆候とは何ですか。

A 日本基準においては、過去に行った投資が回収できないことが相当程度に確実な場合に限って減損損失を計上する会計処理が行われていますので、一旦計上した減損損失を戻し入れることは禁止されています。

一方、IFRSでは、将来の回復可能性を見込むというよりは、貸借対照日時点で回収可能な金額を財務諸表に反映させることに主眼を置いているので、比較的早い段階で減損損失が計上される傾向にある一方、減損損失を計上した後の状況の変化に応じて減損損失を戻し入れることを（のれんを除いて）義務付けています。

IFRSでは保有する資産に対して定期的に減損の戻入の要否を検討することを求めていますが、過去に減損損失を計上した固定資産について投資額の回収が可能なまでに資産の価値が回復していることがうかがえる兆し、すなわち「減損の戻入の兆候」をタイムリーにとらえ、その兆候が見られる固定資産に焦点を絞って減損の戻入の要否を詳細に検討する、というアプローチが採られています。

では、「減損の戻入の兆候」とは具体的にどのような状況を指すのでしょうか。

一例として、過去に減損損失を計上したコンビニチェーンをイメージしてみてください。郊外という立地のため客足がまばらで赤字営業をしていたコンビニチェーンのB店は過去に減損損失を計上していますが、近隣にスタジアムが建設され、B店はたちまちコンビニチェーンの中でもトップを争うほどの利益を生み出すことになりました。このような場合、B店においては（赤字営業が将来にわたって続くことが予想されるといった）過去に減損損失を計上したときの状況は解消している可能性があります。このB店のように、過去に計上した減損損失がもはや存在しない、又は減少していることがうかがえる状況を「減損の戻入の兆候」といいます。

上記は典型的な例ですが、IFRSではその他にも「減損の戻入の兆候」の例示を挙げていますので、少なくともここに挙げられている状況が生じていないかどうかについては検討する必要があります。なお、これらもあくまで「例示」であり、「減損の戻入の兆候」のすべてを網羅するものではないことに留意が必要です。

＜減損の戻入の兆候の例示＞

（外部要因）
- 当期中に、資産の市場での価値が著しく増加している。
- 企業をとりまく環境等において、当期中に企業にとって有利な影響のある著しい変化が発生した。又は、近い将来に発生すると予想される。
- 資産の使用価値（資産が将来生み出すであろう正味キャッシュ・フローの現在価値）の算定に使われる割引率に影響を及ぼす市場金利等の変動により、将来回収可能な額が著しく増加することが見込まれる。

（内部要因）
- 資産の使用範囲や方法に関して、当期中に企業にとって有利な影響のある著しい変化が発生した。又は、近い将来に発生すると予想される。
（資産の機能の改善、資産の機能の拡張、など）
- 資産が生み出す利益やキャッシュ・フローが、予想していた以上に良好である。又は、良好となることが予想される証拠がある。

Column **IFRSの導入と複数の固定資産台帳管理**

　小売業で利用する有形固定資産には、店舗などの不動産から店頭で使われている備品まで、多種多様な資産が存在します。これら多数の固定資産に関する取得・売却・除却・減価償却・減損といった増減内容については、固定資産台帳を用いて管理している例が多いと思われます。

　さて、この固定資産台帳ですが、最近では「会計数値による固定資産台帳」と「税務数値による固定資産台帳」の2種類の管理をされている例が多いのではないでしょうか。例えば、減損損失を計上した場合、税務上は損金として認められないので、「減損しなかった場合」の数値も引き続き把握しておく必要があります。このように、「会計数値＝税務数値」とは限らないケースが珍しくないことから、2種類の固定資産台帳管理が必要となるわけです。

　ここへIFRSを採用した場合を考えてみましょう。IFRSが適用されるのは現在のところ「連結」財務諸表のみなので、IFRS採用後も「個別」財務諸表については引き続き日本の会計基準に基づいて作成する必要があります。ここで、IFRSと日本基準、いずれの会計基準に基づいても同じ会計処理であればよいのですが、日本基準では減損損失の戻入は認められていないがIFRSでは認められているなど、両者の会計処理には違いもあります。それぞれの会計処理の結果、固定資産の数値に違いが生じる可能性は大いにあると考えられるため、固定資産台帳管理においても「IFRS数値による固定資産台帳」「(日本基準の) 会計数値による固定資産台帳」「税務数値による固定資産台帳」の3種類の数値管理が必要となることが考えられます。

　このように、固定資産台帳管理がもうひと段階複雑化する可能性があることに留意が必要です。多くの企業では固定資産の管理を行うためにシステムを導入していると思われますが、複数の固定資産台帳管理が可能かどうかを確認しておくとよいでしょう。

Column　**減損の兆候・減損の戻入の兆候はいつ判定する？**

　IFRSにおいては、「各報告期間の末日において」減損の要否及び減損の戻入の要否を検討する必要があると明記されているため、「減損の兆候」及び「減損の戻入の兆候」は毎期決算のタイミングで検討する必要があります。

　しかし、決算では減損以外にもたくさんの会計処理を検討・実施しなければならず、また決算のタイミングで急に減損損失や減損の戻入が発生するとなると、決算の着地予想が大幅にずれてしまう可能性もあります。

　そのため、実務上の対応としては、期中を通して、あるいは期中の特定の時点において、減損や減損の戻入を示す兆候が生じていないかを適時に検討しておき、決算のタイミングで情報をアップデートしたうえで減損の要否及び減損の戻入の要否を確定することなどが考えられます。

Q41 のれんの会計処理

IFRSと日本基準との会計処理の違いとしてよく取り上げられる「のれん」とは何でしょうか？ また、日本基準での会計処理との違いを教えてください。

A 例えば、大手の百貨店が自社の商圏を広げるために小売チェーンを買収することを考えてみましょう。小売チェーンの買収額は、現時点で小売チェーンに存在する資産の価値のみならず、小売チェーンを獲得することによって生まれる将来のシナジー効果等も考慮して決定されることにより、小売チェーンを時価評価した金額よりも大きい金額となることがあります。このような将来への期待など無形の物への対価として支払われた金額を「のれん」といいます。

なお、正確には、小売チェーンの時価と買収額との「差額」がそのまま「のれん」になる、というわけではありません。この「差額」には、たとえばブランド価値などIFRS上具体的な無形資産として計上することが適切なものが含まれている可能性もありますので、内容についてよく吟味検討したうえで、最後に残った額が「のれん」となります。

「のれん」については、日本基準とIFRSとでは会計処理が大きく異なります。

まず日本基準においては、のれんは一定の期間にわたり均等に償却が行われます。さらに、減損の兆候がある場合には減損の要否を検討する必要があり、一度計上した減損損失の戻入は認められていません。この「償却＋減損」という会計処理の背後には、買収後に（買収した企業から、あるいは買収によるシナジー効果により）得られる収益と買収額の一部であるのれんの償却費用とを対応させることができる、という考え方や、のれんは永遠に存続することなく消耗していくものであり、時間の経過とともに買収後に企業自らが生み出した価値（自己創設のれん）に徐々に入れ替わっているにすぎないところ、一般的に自己創設のれんの計上は認められていないので、消耗に伴って償却を行うべき、という考え方があります。

一方、IFRSにおいてはのれんの償却は行われません。そのかわり、毎期減損の要否を検討する必要があり、日本基準と同様、一度計上した減損損失の戻入は認められていません。この「償却なし＋減損」という会計処理の背後には、適切な償却年数を定めることは非常に難しいという考え方や、投資家が着目していると思われる「当初ののれん計上額を基礎とした減損額」が、償却を行うことによって判りにくくなることは問題である、という考え方があります。

一概には言えないものの、IFRSでは毎期の償却費用が発生せず償却費用が損益を圧迫することがない、という点では有難い基準と言えそうですが、償却を行わない分、ひとたび減損が必要となれば、その影響が大きく出る可能性がある、というところが一つの特徴と言えるでしょう。

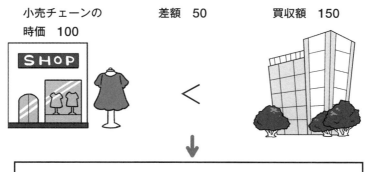

	IFRS	日本基準
償却	償却しない	一定期間にわたり均等償却
減損テスト	兆候あれば減損テスト 兆候なくても毎年減損テスト	兆候あれば減損テスト
減損戻入	×	×

第7節　投資有価証券

Q42 持合株式の会計処理(持合株式の含み損益の計上方法)

持合株式の会計処理が変わると聞きました。ポイントを教えてください。

A 株式の持ち合いは、企業同士でお互いが発行する株式を保有し合うものです。安定株主を増やし敵対的買収を防止するといったメリットがあるため、戦後の日本の株式所有構造の特徴として多くの企業が採用しました。

しかし、政策的な目的の下で保有し合う株主が存在することが企業のガバナンスにマイナスであるというデメリットがあるとも言われており、持ち合い見直しの機運が徐々に高まっています。

ここ最近の株式の保有比率の推移を見てみると、外国法人等が大きく上昇しているのに対し、金融機関や事業法人などの国内所有者の保有比率が低下しているようです。一概には言えませんが、日本の株式所有の特徴であった株式持合構造が年々解消されてきている表れと思われます。

このように株式の所有構造は企業の要請とともに変遷してきていますが、政策的な目的で株式を保有し続け、含み益も踏まえた安定経営を図っている企業もあるでしょう。しかし、IFRSの適用[8]を見据えるのであれば、この含み益経営の考え方が変わるかもしれません。

短期的な売買を目的に所有している株式であれ、政策的な長期保有目的で所有している株式であれ、会計上はその時々の時価に基づいて含み損益を表さなければなりません。しかし、IFRSと日本基準ではその含み損益をどこに計上するのか、その場所が異なるのです。

8　本章における金融商品の解説は、IFRS第9号の適用を前提としています。

含み損益の計上を考えるポイントは、大きくは①保有期間中の損益と、②売却時の損益に分けて考えることができます。

まずはこの2点がポイントであることを覚えておきましょう。

【投資部門別の株式保有比率】

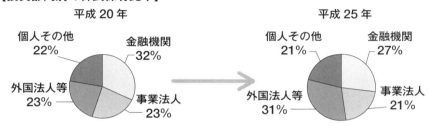

＊出典：株式分布状況調査の調査結果について（全国証券取引所）

【含み損益の計上を考えるポイント】

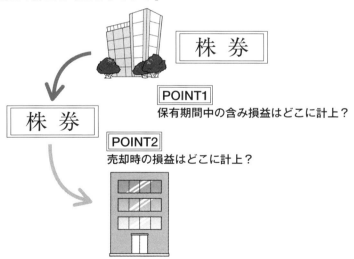

Q43 持合株式の会計処理（日本基準との処理の違い）

持合株式の処理について、ポイントごとに会計処理を教えてください。

A ここでは①保有期間中の損益である「評価損益」と、②「売却損益」のそれぞれのポイントでどのような会計処理が必要なのかを見ていきます。これまでの日本基準に比べてIFRSで求められる処理は大きく異なります。日本基準では株価の推移を見ながら売却損益を計上するタイミングを図ることができました。しかし、IFRSになると、売却の時期を考えてそのときだけ損益を取り込む事ができなくなります。

なお、「常に純損益」とするか、もしくは「常にその他の包括利益」とするかは、銘柄ごとに決めることができます。実務上は、この選択も視野に入れて準備することが必要でしょう。

郵便はがき

1 0 1 - 8 7 9 1

5 1 8

料金受取人払郵便

神田局
承認
2182

差出有効期間
平成29年5月
31日まで

（切手不要）

東京都千代田区内神田1－6－6
（ＭＩＦビル5階）

株式会社 清文社 行

ご住所 〒（　　　　　　　　）

ビル名	（　　階　　号室）

貴社名

　　　　　　　　　部　　　　　　　　課

ふりがな
お名前

電話番号	ご職業

E－mail

※本カードにご記入の個人情報は小社の商品情報のご案内、またはアンケート等を送付する目的にのみ使用いたします。

─ 愛読者カード ──────────

ご購読ありがとうございます。今後の出版企画の参考にさせていただきますので、ぜひ皆様のご意見をお聞かせください。

■本書のタイトル (書名をお書きください)

1. 本書をお求めの動機

1. 書店でみて(　　　　　　　　　) 2. 案内書をみて
3. 新聞広告(　　　　　　　　　) 4. 雑誌広告(　　　　　　　)
5. 書籍・新刊紹介(　　　　　　　) 6. 人にすすめられて
7. その他(　　　　　　　　　　　)

2. 本書に対するご感想 (内容・装幀など)

3. どんな出版をご希望ですか (著者・企画・テーマなど)

■小社新刊案内 (無料) を希望する　1. 郵送希望　2. メール希望

【日本基準】

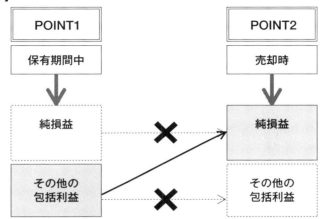

＊日本基準では、売却時に売却損益を純損益として計上します。株価の推移を見ながら含み損益を純損益に計上するタイミングを図ることができます。

【IFRS】

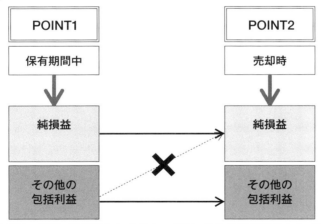

＊IFRSでは、「常に純損益」とするか、「常にその他包括利益」とするか選択が求められます。日本基準のように、売却時だけ純損益とすることはできません。

Q44 非上場株式の評価（事前準備）

非上場株式の公正価値を測定するためには何から手を付ければよいでしょうか。

A 日本の会計基準では、すべての非上場株式について「時価を把握することが困難なため取得原価で測定する」[9]ことにしています。これに対して、IFRSは非上場株式であっても時価（公正価値）で測定することを求めています。これまで把握してこなかった非上場株式の公正価値を測定するためにはどのようにすればよいのか、実務上はとても悩ましい問題が生じます。

マーケットが整備されていない非上場株式の公正価値を測定する際には何らかの手法（IFRSでは「評価技法」と呼んでいます）を用いる必要があります。評価技法により公正価値を測定する場合には元となる情報が必要となりますので、その企業の業績や将来計画など、さまざまな情報を入手することが必要になります。しかし、役員を派遣しているようなケースでなければ、タイムリーに情報を入手することが困難といえるでしょう。

そこで、公正価値測定のための金額的な基準を設けることを視野に入れることも実務的に必要な対応になるかもしれません。IFRSの適用は当面、連結財務諸表を対象としていますので、個別の視点ではなく、連結ベースで重要かどうかを見極めることになります。

経団連は、IFRSの任意適用企業の事例を調査・公表しています[10]。この公表資料からは、多くの企業で金額的な重要性について判断基準を設けていることがうかがえます。適時に必要な情報を入手できないケースも多いという状況を踏まえつつ、各社とも実務的な対応を図っているようです。

---

9 金融商品に関する会計基準 第19条(2)参照
10 「IFRS 任意適用に関する実務対応参考事例」（2014年1月15日 日本経済団体連合会 IFRS 実務対応検討会）

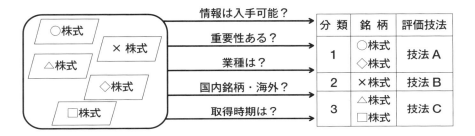

Q45 非上場株式の評価（評価技法）

非上場株式を測定するための具体的な手法を教えてください。

A IFRSはある特定の計算方法を定めているわけではありませんので、どのような手法を用いるかは企業が決定しなければなりません。ここでは考えられる評価技法の中からいくつかの方法をご紹介します。

① **DCF法（インカムアプローチの一例）**

この方法は、企業が生み出す将来のキャッシュ・フローを予測して、現在の株式価値を試算する方法です。この手法を用いるためのポイントは、タイムリーに正確な将来の事業計画を入手しなければいけないという点です。

② **類似会社批准法（マーケットアプローチの一例）**

この方法は、投資先と同じ事業内容や規模が似ている上場会社の株価を参考にして、株式価値を算定する方法です。この手法を用いるためのポイントは、複数の類似企業により平均値を求める点です。

③ **純資産法（コストアプローチの一例）**

この方法は、投資先の純資産に対する持分を用いて株式価値を算定する方法です。投資先の簿価をそのまま使用するのではなく、時価を反映した純資産により計算することになります。投資先の資産に存在する含み損益を把握することがポイントになります。

ここでご紹介したものはあくまで一部の方法に過ぎません。非常に稀なケースではあると思いますが、直近における他社での売買事例が入手できたのであればその売買価格を参考とすることもできるでしょう。また、いくつかの評価技法を折衷して算出する事例も見受けられます。重要性の判断基準も含め非上場株式の公正価値をどのように測定するのか、事前準備を綿密に行ったうえで継続的に採用していく経理規程を整備することが重要です。

第2章 小売業におけるIFRSの論点Q&A

【DCF法のイメージ図】

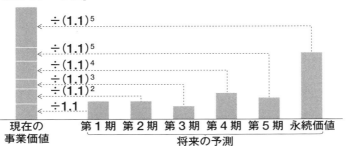

出典：株式会社ストライク　ホームページ

【類似会社批準法の例】

評価対象会社及び類似会社の財務数値・財務指標が以下の通りであったとする。

（単位：百万円）	A社	B社	C社	評価対象会社
時価総額①	6,000	3,500	4,000	－
当期純利益②	500	400	600	200
簿価純資産③	3,000	2,000	3,000	800

（ステップ1）　類似会社の諸倍率を計算する。

倍率／会社名	A社	B社	C社	平　均
利益に対する倍率（①÷②）	12.0	8.8	6.7	9.1
純資産に対する倍率（①÷③）	2.0	1.8	1.3	1.7

（ステップ2）　ステップ1で求めた諸倍率を基に株式価値を計算する。

基準／項目	対象会社の財務数値(A)	3社の平均倍率(B)	株式価値(A×B)
当期純利益	200	9.1	1,828
簿価純資産	800	1.7	1,356
平　均			1,692

出典：株式会社ストライク　ホームページ

第8節 ヘッジ会計

Q46 金利スワップ
金利スワップ契約を結んでいる場合の注意点を教えてください。

A 2015年1月、長期金利の指標となる新発10年物日本国債は一時0.195％まで下げ、過去最低の利回りを記録しました。[11]史上まれにみる低金利の恩恵を受けて住宅ローン金利も最低水準を更新したそうです。

「さすがに今が金利水準の底だろう」「これからはいつ金利が上昇してもおかしくない」とも言われましたので、この機会に住宅ローンの借り換えを検討して月々の返済額を大幅に減らした方もいるのではないでしょうか。

金利水準はわれわれの生活に非常に身近な関心事ですが、企業にとってもその影響は大きな問題です。いかにして借入コストのリスクを軽減させるか。このリスクを軽減することができる1つの手法として、変動金利を実質的に固定化できる金融商品を活用するケースもあります。

例えば、変動金利で借り入れをしている企業が「変動金利を受け取り、固定金利を支払う」という契約を別途結ぶとしましょう。このような契約を結べば、今後支払う金利が固定され、金利上昇による借入コストの上昇を抑えることができるのです。このような商品は「金利スワップ契約」と呼ばれます。

上の例ですと、金利スワップ契約を結ぶことで、経済効果としては固定金利だけを支払っていることになります。しかし、金利スワップ契約部分だけに着目すると、金利の受け払いは将来にわたって常に差額が生じることになります。この将来の差額は時価そのものです。IFRSではこの部分を適切に会計処理する必要があるのです。

11　日本経済新聞朝刊「迫真　金利異変1」（2015年2月17日朝刊第2面）参照

今の日本の会計基準では、一定の金利スワップについては時価の計上を省略することができる特例があります。IFRSではそのような特例は認められていません。[12]金利スワップ契約がある企業は留意する必要があるでしょう。

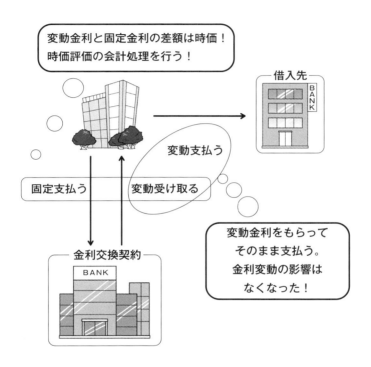

12　帝国データバンクホームページ「IFRS実務対応2 -26.IFRSに基づく開示ケーススタディ26〜ヘッジ会計」参照

Q47 為替予約の振当処理

為替予約を行っている場合の注意点を教えてください。

A バイヤーが海外で商品の買い付けを行うケースを考えてみましょう。
例えば、商品の発注を円建てで行えば、その後の為替レートの変動は受けません。しかし、外貨建で取り引きした場合には、その後の為替変動による採算の変動が生じてしまいます。[13]もし円安が進行すれば、発注を行った時点よりも多くの円貨支払いが発生することになります。外貨建で取引を行っている企業は常に為替変動リスクを負ってしまうため、予め為替予約を行うことにより、支払円貨額を確定していることも多いでしょう。

このような為替予約を実施するケースの仕組みを細かくみれば、元々の商品発注支払取引があるのと同時に、それとは別に円貨支払金額を確定させるための為替予約という取引があります。すなわち取引としては2つ行っているといえます。

日本の会計基準では、一定の為替予約については、外貨建の支払債務であったとしても別途契約した予約レートで換算し、その後の為替変動の影響額の計上を省略することができる「振当処理」という特例があります。

しかし、IFRSではそのような特例は認められていません。それぞれの取引から生じている為替変動の影響を適切に会計処理する必要がある点に注意が必要です。

---

13 『図解・イラストによるIFRS国際会計基準入門』 91ページ（銀行研修社、橋本 尚編著）参照

第2章
小売業におけるIFRSの論点Q&A

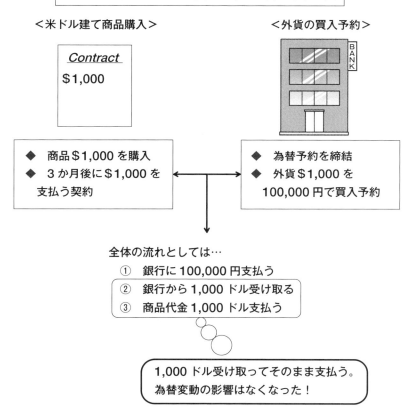

第9節 従業員給付

Q48 有給休暇引当金（考え方）
有給休暇に対する引当金の考え方を教えてください。

A 年次有給休暇は、給料の支払いを受けながら休暇をとることを認められた制度です。正社員のほか、パートタイムの方にも毎年一定の日数の有給休暇が付与されます。[14]厚生労働省の最近の調査によれば、平成26年の1年間に企業が付与した年次有給休暇（繰越日数は除く）は、労働者1人平均18.5日、そのうち実際に有給休暇を取得した日数が9.0日で、取得率は48.8％となっています。また、同調査による卸売・小売業の取得率は36.4％となっています。小売業界の現状の有給休暇取得率は他の業界に比べて低いようです。

付与された有給休暇はその年にすべてが消化されているわけではなく、消化しきれなかった分は翌年度に繰り越されることになります。このような未消化の有給休暇や、当期の労働の対価として今後新たに付与される有給休暇については、企業の立場からすれば期末時点で将来において有給休暇が取得された時に給料を支払うという義務を負っていることになります。IFRSではこの義務を会計に適切に表すべきとして引当金計上することを求めており、一般的に「有給休暇引当金」と呼んでいます。

---

14 労働基準法第39条第2項

第2章 小売業におけるIFRSの論点Q&A

【最近5年間の有給休暇付与日数と取得日数】

	付与日数（日）企業全体	取得日数（日）企業全体	取得率（％）企業全体	取得率（％）卸小売業のみ
平成23年	17.9	8.6	48.1	36.5
平成24年	18.3	9.0	49.3	35.8
平成25年	18.3	8.6	47.1	33.5
平成26年	18.5	9.0	48.8	36.4
平成27年	18.5	8.8	47.3	34.5

＊出典：厚生労働省「平成27年就労条件総合調査結果の概況」

有給休暇引当金は会社の将来の支払義務を表すもの

有給休暇を付与　→　[労働]

[有給休暇]　→　有給休暇を翌期に消化

将来の休暇取得期間にも給料を支払う義務がある

企業が期末時点で負っている義務は会計に表すべき！

Q49 有給休暇引当金（計算方法）
有給休暇引当金の具体的な計算方法を教えてください。

A 有給休暇引当金は、社員が実際にどのくらい休暇を取得するのか、企業として支払う給料のうち、有給休暇の取得に対応する部分はいくらか、を見積ることになります。具体的には以下のような計算式で算出できます。

実際に計算を行うにあたっては、個人ごとに計算を行う方法と、職階別や部署別などある程度のグルーピングをして平均計算を行う方法が考えられます。

一般的にはグルーピングによる方法は簡便な計算だと思われますが、すでに有給休暇の繰越日数や取得率などについて個人ごとの情報を詳細に、かつタイムリーに管理できているのであれば、むしろグルーピングして平均計算を行う方が手間のかかる作業と思われます。経理部門だけで対応するのではなく、人事・労務部門との連携により、情報管理の状況をよく把握したうえで計算方法を検討することが必要でしょう。

また、実務的には、誰がどのように計算するかが重要なポイントになります。エクセルなどのスプレッドシートを用いた手作業によるのか、システム上で自動計算するのか、といった計算手段の決定です。表計算ソフトに簡単な数式を入れるだけで対応できるケースも考えられます。しかし、システム全体の構築・改修を視野に入れるのであれば、それ相応のコストがかかりますので、システム部門の方々とも連携して計算手段を検討することが必要でしょう。

有給休暇は通常1日単位で取ることが一般的ですが、最近では通院や子供の学校の行事への参加に柔軟に対応できるようにするために、時間単位で有給休暇を取得する制度も整備されました。[15]また、「働き過ぎ」といわれる我が国の労働環境を改善する施策の一つとして、社員の有給休暇の取得を法的に義務付ける労働基準法の改正も検討されています。

このように仕事と生活の両立を促すために、私たちビジネスパーソンの権利

15　労働基準法第39条第4項

である有給休暇を取り巻く環境は変化しつつあります。有給休暇の消化率が向上すれば有給休暇引当金も大きくなる可能性がありますので、将来的に企業が負う義務の動向に留意する必要があります。

【有給休暇引当金の計算方法】

有給休暇引当金 ＝ 対象人数 × 1日あたり給料 × 翌年度に繰り越される日数[16] × 有給休暇消化率

---

16 具体的に検討する際には、個別企業の就業規則に基づく過去の労働の対価としての翌期首新規付与分について対象に含める点に留意する必要があります。

Q 50　その他の従業員給付の洗い出し
年次有給休暇以外の休暇制度についても引当金は必要でしょうか。

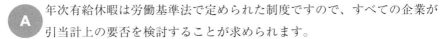

年次有給休暇は労働基準法で定められた制度ですので、すべての企業が引当計上の要否を検討することが求められます。

しかし、最近では法律で定められた休暇だけではなく、企業独自の制度としてさまざまな休暇制度があります。一般的には特別休暇と呼ばれるものであり、企業の規模が大きくなればなるほど、さまざまな休暇制度があるようです。

これらの特別休暇制度も、社員に対してすでに付与しているものであって、未使用の権利を将来の期間に繰り越せるのであれば（累積型）、期末日時点で企業としての義務は存在しています。したがって、年次有給休暇と同様に引当金の検討を行う必要があるでしょう。

特別休暇制度の内容は企業ごとにさまざまであり、給料を全額支給するケースもあれば一部だけ支給するケースもあります。休暇の付与のタイミングや、実際に取得されなかった休暇に対して企業はいくらの支払い義務を負っているかなど、具体的な計算に落とし込む情報を整理することが必要でしょう。

【第7表　特別休暇制度の有無、種類別企業割合[17]】

(単位：％)

企業規模・産業・年	全企業	特別休暇制度がある企業	特別休暇制度の種類（複数回答）						特別休暇制度がない企業
			夏季休暇	病気休暇	リフレッシュ休暇	ボランティア休暇	教育訓練休暇	左記以外の1週間以上の長期休暇[1)]	
計	100.0	57.5	43.5	21.8	10.9	2.5	3.1	9.7	42.5
1,000人以上	100.0	71.2	44.8	31.8	40.8	23.4	4.6	20.8	28.8
300～999人	100.0	66.7	42.2	26.4	29.5	8.9	2.3	15.3	33.3
100～299人	100.0	59.1	42.0	21.9	16.3	3.6	2.6	11.2	40.9
30～99人	100.0	55.8	44.0	21.1	6.9	1.1	3.2	8.4	44.2
鉱業、採石業、砂利採取業	100.0	48.3	36.6	12.9	12.2	5.7	3.5	1.3	51.7
建設業	100.0	59.7	47.1	21.7	7.0	1.8	6.6	7.5	40.3
製造業	100.0	56.0	41.8	19.1	11.7	3.3	2.2	13.4	44.0
電気・ガス・熱供給・水道業	100.0	80.3	55.0	25.6	33.9	15.9	11.4	18.3	19.7
情報通信業	100.0	82.0	67.1	30.0	28.5	6.5	1.1	12.7	18.0
運輸業、郵便業	100.0	55.1	42.2	25.7	5.2	1.4	4.1	6.3	44.9
卸売業、小売業	100.0	57.8	45.8	20.3	11.4	1.3	1.7	8.2	42.2
金融業、保険業	100.0	87.1	50.7	33.3	40.6	16.7	2.9	30.1	12.9
不動産業、物品賃貸業	100.0	65.3	46.5	24.3	16.6	3.9	2.9	10.7	34.7
学習研究、専門・技術サービス業	100.0	74.3	58.2	23.9	13.3	4.7	3.2	14.3	25.7
宿泊業、飲食サービス業	100.0	45.9	30.6	27.5	5.7	1.3	4.0	6.5	54.1
生活関連サービス業、娯楽業	100.0	50.6	32.8	16.6	11.5	1.3	1.7	8.5	49.4
教育、学習支援業	100.0	55.4	48.2	17.4	10.1	1.9	1.5	9.6	44.6
医療、福祉	100.0	55.5	39.8	20.8	8.9	3.1	9.1	8.0	44.5
サービス業（他に分類されないもの）	100.0	54.6	42.2	22.7	7.9	2.5	4.8	6.8	45.4
平成24[*]年	100.0	58.5	44.3	22.7	12.2	3.0	3.5	10.0	41.5
19	100.0	63.5	48.7	22.8	12.4	2.8	5.2	14.9	36.5
17	100.0	61.0	45.1	22.1	13.9	2.6	4.8	10.4	39.0
16	100.0	57.6	42.5	21.2	11.2	2.2	5.1	10.5	42.4
15	100.0	59.3	44.3	19.1	13.4	2.4	4.1	9.6	40.7

注：1）「左記以外の1週間以上の長期の休暇」には、産前・産後休暇、育児休業、介護休業、子の看護のための休暇は含まない。
　　2）平成19年以前は、調査対象を「本社の常用労働者が30人以上の民営企業」としており、平成20年から「常用労働者が30人以上の民営企業」に範囲を拡大した。
　　　24[*]は、「本社の常用労働者が30人以上の民営企業」で集計したものであり、19年以前の結果と時系列で比較する場合にはこちらを参照されたい。

17　厚生労働省「平成24年就労条件総合調査結果の概況」

第3章

小売業における IFRSの導入

社長「長沼くん、今、IFRSの導入に向けて再度動きが活発化しているようだが、我が社もIFRS導入を検討してみたいと思う。悪いがその方向で進めてくれないか。」

長沼「IFRSですか？ グローバル化の流れですね。」

社長「そうだ。我が社の海外出店は好調だし、この勢いで外国人投資家を取り込もうと思ってね。ものごとは早い方がいいから1週間以内に頼むよ。」

長沼「いっ、1週間ですか!? …承知しました。」

長沼「は〜、相変わらず要求の厳しい社長だな〜。進めてくれって言われても何から手をつけたらいいやら…。そうだ、A株式会社が先日IFRSを導入していたけど、あそこの経理には、友人の衣川がいたな。よし、聞いてみよう！」

（後日）

衣川「よぉ、久しぶりだな長沼、元気にしているか？ 今日はIFRSについて聞きたいって言ってたっけ？」

長沼「そうなんだよ。助けてくれよ〜。」

衣川「オーケー、ノープロブレムだ。何の話が聞きたいんだ？ お前が勤めているのは小売業の会社だったな、収益のGAAP差の話か？」

長沼「GAAP差？ なんだ、それ?? もっとわかりやすく教えてくれよ。俺、今回IFRSの導入の検討を任されたんだけど、何から始めたらいいのかさっぱりわからなくってさ…。」

衣川「ははは、お前その状態で任せられているのか、ある意味すごいな。よし、じゃあまず、IFRSを導入するにあたってのポイントだ。そこから話そうか。」

第3章
小売業におけるIFRSの導入

第1節　導入の進め方〜導入実務のポイント〜

　IFRS導入プロジェクトの検討を開始した際に、まずはどんなことを考えたらよいか、これまでの経験から以下に10のポイントを挙げてみました。

【導入プロジェクトを進めるにあたって考えるべき10のポイント】

1.	先行事例が蓄積されていることを心強く考えること
2.	アドバイザーの選定は、今後のプロジェクト全体の良否を左右するので、慎重に検討すること
3.	影響度調査がポイントを押さえているかが、今後のプロジェクトの肝であることをよく認識すること
4.	海外子会社の決算期統一については早期に着手すべしと考えること
5.	グループ会社を早期に巻き込むこと （すべての会社で同様の会計処理の適用が要求される）
6.	短期間で終わらせることを強く意識すること
7.	IFRS適用後のランニングコストの増加を意識すること
8.	IFRS導入に向けたトップメッセージの重要性を認識すること
9.	どこまで深掘りするか常に意識すること
10.	コンセプトを明確にしておくこと

1. 先行事例が蓄積されていることを心強く考えること

　平成27年6月10日現在でIFRS任意適用会社は43社であり、さらに43社がIFRS適用の準備に入っていることをプレスリリースしています。このうち小売業や外食業の任意適用会社は、その予定も含み、すでに4社に上っています。現段階また将来にわたりこれだけの先行事例があることは、以下の意味において大変心強いものです。

- IFRSを適用することで開示のボリュームが増える、注記において文章が多くなる、という話がありますが、どの程度のレベル感の開示がなされているか、感覚をつかむことができます。
- 監査法人などのIFRSアドバイザーにおいてもプロジェクト経験を積んだ人材が増えてきていますので、どの程度深追いすべきかの勘所が蓄積されています。

　この点、担当される監査法人等に対して、経験者のアサインを希望することが、プロジェクトを回り道することなくスムーズに進めるコツです。

2. アドバイザーの選定は、今後のプロジェクト全体の良否を左右するので、慎重に検討すること

プロジェクト体制については、各社常に悩みのある分野です。まずは、アドバイザーを会計監査人とすべきか、それとも他のアドバイザーを追加で選任すべきかの選択があります。

このうち、会計監査人は個々の処理につき来るべきIFRS監査をする立場です。よって、プロジェクトを通じて合意しながら進めることで、手戻りが少なくスムーズに進めることが可能です。ただし、会計監査人に経験の蓄積が乏しい、あるいはIFRS専任部門等との連携が弱い場合には、迅速な判断が期待できない可能性があります。また、監査人側の視点に立った会計処理が指導され、会社側の立場が尊重されない可能性があります。

一方、他のアドバイザーの場合には、企業側の視点に立ち、一体となって作業を進めることが可能です。ただし、安易に依存してしまうとコスト負担が重くなる可能性がある点に留意する必要があるとともに、会社や監査人の意図を汲みソリューションを提供できる質の良いアドバイザーを選任する必要があります。この点、他のアドバイザーは会計監査人と比較して、会社ビジネスの理解が乏しいため、時間を必要としたり、回り道となる可能性があります。

いずれにせよ、IFRS適用後においてIFRSの知識や決算業務ノウハウが会社に残るように、会社が主体的にプロジェクトを進める必要がある点は言うまでもありません。

3. 影響度調査がポイントを押さえているかが、今後の プロジェクトの肝であることをよく認識すること

　プロジェクトの初期段階で、「影響度調査」を実施します。影響度調査とは、IFRSを導入した場合に、①変更を検討すべき重要な会計処理がどこにあるのか、②会計処理を仮に変更した場合に実務面にどういった影響を与えるか（業務プロセス・システムも含む）調査するものです。調査終了後は、調査であぶり出された項目を対象にプロジェクトを進捗させます。

　また、影響度調査は、IFRSの基準を端から潰していくのではなく、具体的には、日本基準とIFRSとの差異がある項目のうちポイントとなる項目について、当たりをつけながら潰していくアプローチを採ります。

　したがって、重要どころがしっかりと論点出しされていないと、後でやり直しが発生するなどプロジェクトが迷走する可能性があります。影響度調査が今後のプロジェクトをスピーディーに終結させる肝となりますので、質のよいチェックリストを有するとともに、ビジネスに明るくポイントとなる項目に当たりをつけることができる監査法人・アドバイザーを選任し、迷走を避けることをお勧めします。

第3章 小売業におけるIFRSの導入

4. 海外子会社の決算期統一については早期に着手すべしと考えること

　IFRS任意適用というと、どうしても会計基準の適用に注力しがちですが、「決算期を統一する」という重要な論点があることに、プロジェクト初期に着目する必要があります。日本基準では、特に地理的に距離のある海外子会社について、従来は3か月のタイムラグを利用して、決算作業及び監査人対応を行うことが可能でしたが、これをおおむね1か月以内には終了させなければならないことを考えると、頭の痛い悩みです。

　これに対して、①重要性等に鑑み決算期を統一する子会社を絞り込む、②IFRS導入前に日本基準の開示段階から、タイトなスケジュールを前提にトライアルしておく、③現地決算において簡便的な会計処理を検討する、といった対策に、プロジェクトの初期段階から着手することがお勧めです。

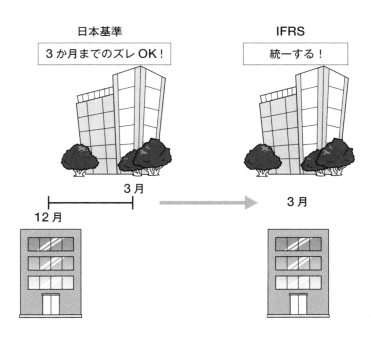

5. グループ会社を早期に巻き込むこと
（すべての会社で同様の会計処理の適用が要求される）

　IFRSでは、重要性の無いエリアを除き、どのエリアでもグループで決めた会計方針が適用されることになります。また、ヨーロッパ各国やアジア圏等において、すでにIFRSに近似する自国会計基準に基づき会計処理がなされ、監査人の意見が出ているケースもあります。この点、グループで決めた会計処理内容と、各子会社で実際になされている処理が異なる場合に、不都合が生じる可能性があります。最後の最後になって会計処理の不統一について親子会社の監査人との意見の対立などが起きることのないように、早め早めの巻き込みが必要です。早めに違いが認識されていれば、一般的にはある程度穏便な解決が模索されるものです。

　また、これは**4.**の決算期統一と合わせて、IFRS導入の最も大きなハードルだと思いますが、いずれも海外子会社で問題になりやすい項目ですので、重要な海外子会社のない多くの小売企業においては、非常に簡素なプロジェクトとなりやすいとも言えます。

6. 短期間で終わらせることを強く意識すること

　IFRSのプロジェクトは、日本基準とのGAAP差があると言われる分野にフォーカスして、原則主義であるIFRSのルールに従い、会社の方針（ポジション）を決めるプロジェクトです。これには注記等の開示も含まれます。

　また、その過程でシステムの見直しや業務フローの見直しも発生しますが、あくまでも会計方針の決定内容に引きずられるものです。

　このポジションは、①IFRSによる原則はこれで、②会社の実態はこうで、③IFRSをこのように理解したのでこういう会計処理を選択した、と文書化されます。この段階で「決めきれない」モードに入ってしまい、延々と時間をかけてしまうと、プロジェクトの遅延を招くことになるので、下手に導入時期に余裕を持たせずに、短期間で設定し、マイルストーンを短めにし、会社として方針を決め、監査人と個々のスケジュールについて合意することがお勧めです。

　また、システムの導入等の対応が比較的長期にわたる項目については、任意適用後に段階的に改善していくケースもあります。

7. IFRS適用後のランニングコストの増加を意識すること

　金融庁が平成27年4月15日に公表した「IFRS適用レポート」では、導入プロジェクトが終了した任意適用開示後においても、状況によっては以下の追加ランニングコストがかかる可能性が指摘されています。

① **基準対応のための外部アドバイザー費用**
② **IFRS適用のために追加したシステム維持費用**
③ **監査報酬**
④ **経理部門増員による人件費増**
⑤ **外部鑑定費用**

　将来に上記のような追加コストがかかることを予測しながらプロジェクトを進めた場合と、そうではなく進めた場合では、最終的に発生するコストはだいぶ異なることでしょう。このようなコストを抑えるためには、これまでの経験上、会社担当者が積極的にプロジェクトに関与し、安易に外部アドバイザーに依存することなく、上に挙げた5つのコストを意識しプロジェクトを進めることがお勧めです。

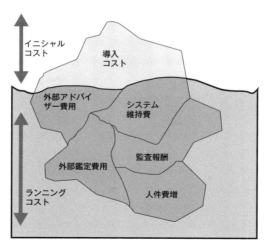

8. IFRS導入に向けたトップメッセージの重要性を認識すること

　IFRSプロジェクトは経理部プロジェクトと位置づけられがちです。しかしながら、プロジェクトを進めていくと、例えば通信販売事業において着荷をどのように確認しているかとか、店舗での返品等の金額実態がデータだけでは測れない場合に日報まで追いかけるとか、耐用年数を整理するためのリニューアルの方針を確認するといった、あるべき会計処理を決定するための実態調査の名目で事業側に相当の負荷をかけなければならないケースが増えてきます。

　IFRS導入を単なる経理プロジェクトとして位置づけてしまい、事業側のサポートが得られず、会計処理を決めるための調査が進まないことが数多く報告されています。この点、経営トップを巻き込んで、トップ自らIFRS導入を発信するなど、他部署の協力を得られるような仕掛けをつくることがお勧めです。

9. どこまで深掘りするか常に意識すること

　IFRSの導入においては、重要性の観点で、影響度調査を実施する範囲（子会社範囲や取引範囲、科目範囲など）やIFRS修正仕訳を入れる範囲、決算期を統一する子会社の範囲などをいかに仕分けしていくかがポイントです。監査人やアドバイザーとの間で、この点の議論を怠り、やみくもにプロジェクトを進めると、プロジェクトの遅延や余計な工数の発生につながりますので要注意です。また、プロジェクトの進行中においても、諸々の議論が、重要性の観点から本当に必要な議論なのか、常に意識して対応する必要があります。

　この点も、監査法人の中に他社の経験が蓄積されているので、早い段階で監査法人を巻き込み、プロジェクトの全体像を固めていくとよいでしょう。

重要性を基に適宜範囲を決めることが重要！

10. コンセプトを明確にしておくこと

　IFRSは原則主義であり、処理に幅があること、また管理会計やシステムにも影響を与えることから、導入のコンセプトについて、会社、監査人、アドバイザー間でしっかりと共有することをお勧めします。それがないと、三者がそれぞれの利益の観点で勝手な主張を展開し、収拾がつかなくなってしまう懸念を捨て去ることができません。

- ミニマムマストを追及するか、可能な限りIFRSを取り込むか
- 管理会計の取り扱いをどうするか
- 連結仕訳での対応とするか、子会社にてIFRS試算表を作成するか
- システム対応は消極的か、積極的か

　また、コンセプトについて合意していたとしても、プロジェクトの進捗の過程で、例えば、監査人も合意できる範囲内の処理にもかかわらず、ミニマムマストを上回る処理がミニマムマストであると誤解して混乱するケースなどが報告されておりますので、常にコンセプトを確認し合うことをお勧めします。

第3章 小売業におけるIFRSの導入

社長「長沼くん、先日はIFRS検討の資料ありがとう。先日の取締役会で君の資料を用いて議論した結果、我が社もIFRSの導入を進めることにしたよ。」

長沼「ホントですか！？（衣川ありがとう！）」

社長「先日は概要のみを聞いたのだが、我が社においてどれだけの影響があるのかを具体的に調査してほしい。このプロジェクトのマネージャーを君に任せていいかな？」

長沼「僕にですか！？　ありがとうございます！！」

（後日）

長沼&衣川「乾杯！」

長沼「お前のおかげでうまくいったよ！　このプロジェクトがうまくいったら俺も出世できるかもしれないな！」

衣川「ははは、気が早いな。ところで、このあとの進め方はどうするつもりだ？」

長沼「それがまったく見当もついていない状況だよ。ということで、衣川！頼む！！」

衣川「なんだよ、それが今日の目的か。どうりで気前が良すぎると思ったよ！」

長沼「頼むよ～、お前しか頼るやつがいないんだよ～。」

衣川「しょうがね～な～。じゃあ、次のステップは影響度調査だな。」

長沼「影響度調査？」

衣川「ホントお前は…。まあいい、影響度調査っていうのはな…。」

第2節　影響度調査

　IFRSを導入すると言っても、最初の一歩はどういった作業から始まることになるのでしょうか？　まずは、IFRS導入にあたっての足掛かりとなる影響度調査の作業について話を追っていきます。

1. 影響度調査とは？

【「第2節　影響度調査」の構成】

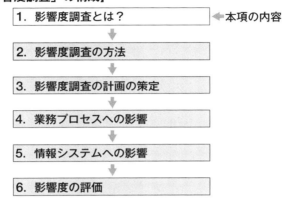

　影響度調査とは、一般的にIFRSを導入することにより、自社のどの箇所にどの程度の負荷がかかるのかを分析する導入プロジェクト初期段階での簡易的な調査作業になります。

　簡単に言うとIFRS導入に係るコスト分析となりますので、導入によって得られるメリットを比較し、本当に導入を行うのか最終的な意思決定をすることになります。

　その作業は、従前適用していた会計基準からIFRSへ会計基準を変更した場合に①変更を検討すべき重要な会計処理がどこにあるのか、②会計処理を仮に変更した場合に実務面にどういった影響を与えるか（業務プロセス・システムも含む）調査するものです。

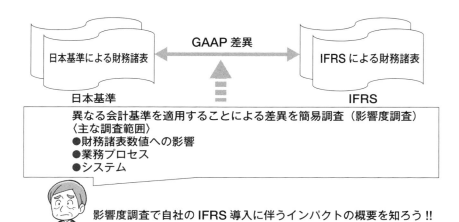

　通常、ほとんどの会社は影響度調査のためのツールもノウハウも持っていないことが想定されますので、監査法人や外部アドバイザリー会社のチェックリスト等の調査ツールを利用することが効果的です。

2. 影響度調査の方法

【「第2節　影響度調査」の構成】

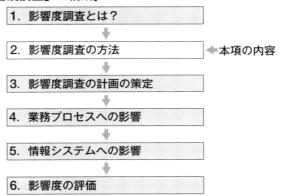

　では、実際には、どのように調査を行うのでしょうか？

　影響度調査の目的はあくまでコスト分析など初期段階での簡易調査であり、調査範囲が広すぎては当初の目的に比して過大な調査になってしまいます。あくまで会社にとって重要な影響を把握することが目的であることを意識する必要があります。このため、調査範囲を決定してから調査方法を決定していくとよいでしょう。

[1]調査範囲の決定

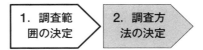

　まず、調査範囲の決定では、影響度調査の対象とする①対象会社と②対象項目（連結、有形固定資産、収益認識など）を決定します。

　調査範囲決定に関して、売上基準や利益基準といった決められたルールはありません。会社がIFRS導入を行う目的や影響度調査により達成したい事項を

確認し、会社に適した調査範囲を決定します。

【対象範囲】

	親会社	A子会社	B子会社	C子会社	⋯
収　益	○	○		○	⋯
棚卸資産	○	○		○	⋯
有形固定資産	○	○		○	⋯
無形資産	○				⋯
金融商品	○		○		⋯
⋮	⋮	⋮	⋮	⋮	⋯

① **対象会社の決定**

　調査対象会社の選定については、IFRSは連結財務諸表に適用されるため親会社だけでなく子会社を対象に含めるか否かと、含める場合どの会社を対象とするかがポイントとなります。

　子会社を対象に含めるかの判断は（ア）会社の規模、（イ）業種の類似性、（ウ）海外子会社という3軸の観点から考えることが効果的と考えられます。海外子会社については、適用している会計基準が違う、決算期が異なるなど特有の問題点があります。詳細は「**第3節　導入計画の策定　8．海外拠点への対応**」に記載しています。

　ここでは、検討の結果として調査範囲は親会社のみとする場合、親会社及び主要な子会社とする場合、全グループ会社とする場合など様々な組み合わせが考えられますので、自社に合った範囲を適切に決めることが大切です。

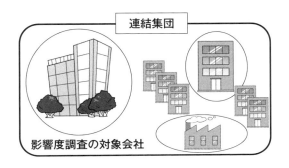

② **調査項目の決定**

次に、調査項目（連結、有形固定資産、収益認識など）を決める必要があります。ここでは、親会社と子会社、それぞれの視点から解説をします。

ⅰ. 親会社

親会社は管理機能も含めて子会社に比して多くの活動を行っているため、項目を絞ることなく影響度調査を行うことが一般的です。

ⅱ. 子会社

子会社を調査する場合、一律に全項目を調査するより、会社ごとに項目を選択した方が効率的なケースが多くなります。

子会社については、特有の論点が存在する可能性のある項目のみ調査するなど、項目を取捨選択します。

例えば、管理機能のみを担う子会社であれば、収益は連結上消去されるグループ会社に対するもののみとなるため収益の調査が不要となるケースがあります。

また、最も検討項目が多い金融商品については、親会社でのみ取り扱っているケースでは、子会社に対しての調査は不要となるケースがあります。

【調査項目の選定イメージ】

	調査項目		親会社	A子会社	B子会社	……
個社固有論点や重要論点	収益	店頭引渡	○	○	○	―
		通信販売	○	○		
		卸売	○			
		カスタマー・ロイヤリティ・プログラム	○	○		
	有形固定資産・リース資産	減価償却方法	○	○	―	―
		耐用年数	○	○	―	―
共通論点や重要論点以外	棚卸資産	売価還元法	○	―	―	―
	従業員給付		○	―	―	―
	連結		○	―	―	―
	企業結合		○	―	―	―
	……					

[2] 調査方法の決定

1. 調査範囲の決定 → 2. 調査方法の決定

　調査範囲が決まったら、次に調査方法を決める必要があります。
　影響度調査を行うにあたって、自社内でツールやノウハウを有していなければ、監査法人や外部アドバイザリー会社の関与によって作業を進めていくことになります。

① **影響度調査の主要メンバーにおける知識の共有**
　まず、調査の範囲が広ければ調査業務に関与するメンバーが増加することになります。
　このため、影響度調査にどのような成果を期待しており、そのために各項目

に対してどのような回答が必要になるかなど、主要メンバーが知識を共有しておくことが必要です。

これは、個人の学習も必要ですが、監査法人や外部アドバイザリー会社から研修を受けることも1つの手段となります。

② **具体的な調査方法**

調査方法の代表的な方法として、ワークショップとヒアリングがあります。調査の基本的な流れは同じですが、差異分析や課題の洗い出しに必要な情報の入手方法が異なります。

調査期間やプロジェクト参加者の範囲を考慮し、適した調査方法を決定します。重要性等に応じて、項目ごとに異なる調査方法を採用するケースもあります（収益、固定資産はワークショップ、その他はヒアリング、など）。

どちらを採用するか検討する際に考慮するポイント、ワークショップの特徴、ヒアリングの特徴の順に解説します。

【ワークショップ】

| ワークショップ | 事前にIFRSの基礎的な勉強会を実施する。情報収集後に調査対象会社の担当者を集めて対面形式で調査を実施する。 |

・財務諸表や社内資料を分析し、予想される影響や課題をチェックリストに事前に記入する。
・IFRSの基本的な解説をメンバーで共有後、会社の実務をあてはめてディスカッションを行い、会社基準差異が財務とプロセス、システムに与える影響を洗い出しする。
・ワークショップで把握した情報に基づき、チェックリストを更新し、調査を完了する。

【ヒアリング】

| ヒアリング | 調査対象会社の担当者へ質問を実施する。 |

・財務諸表や社内資料を分析し、予想される影響や課題をチェックリストに事前に記入する。
・担当者にヒアリングを実施し、会計基準差異が財務とプロセス、システムに与える影響を洗い出しする。
・ヒアリングで把握した情報に基づき、チェックリストを更新し、調査を完了する。

【調査方法の決定に際して考慮するポイント】

ワークショップ	・会社担当者のIFRSに関する理解を深めながら実施したい。 ・課題をできるだけ網羅的に把握したい。 ・ワークショップには、テーマ別に適した実務担当者（部署、対象会社）を決定し召集する必要があるため、対応する余裕が必要である。
ヒアリング	・短期間で効率的に実施したい。 ・ヒアリングに対応する会社のメンバーを限定し、できるだけ負担を軽くしたい。

③ 質問表について

どのような調査方法を用いたとしても質問表を利用することは効果的であり、重要な調査資料の1つとなります。調査項目を網羅し、かつ、理論的に誤りのない質問表を作成することは非常に時間と手間のかかる作業となります。

一方で、監査法人や外部アドバイザリー会社は、こういったツールをすでに持っています。このため、調査方法を決める際には、これらの外部資源をうまく使いつつ効率的に調査を進めることが有用です。

【イメージ：質問表】

Company Name		Date		Name of Finance Director				
			References	\multicolumn{3}{c|}{Answer}	Comments	Appendix
				Yes	No	N/A		
IAS2 棚卸資産 1．保有する棚卸資産について 　(1) 貴社では、上記の定義に該当する棚卸資産を保有していますか？ 　　該当がない場合、残りの質問に回答していただかなくて結構です。 　(2) 貴社では、どのような種類の棚卸資産を保有していますか？該当欄をチェックしてください。 　　A．商品 　　B．製品 　　C．仕掛品 　　D．原材料 　　回答がAの場合→2 (1) の質問にお答えください 　　回答がBかCの場合→2 (2) の質問にお答えください 　　回答がDの場合→2 (3) の質問にお答えください				☐ ☐ ☐ ☐ ☐	☐			
(3) 貴社では、生産過程に投入されていない貯蔵品を保有していますか？ 　　(注：例えば、販売活動及び一般管理活動において短期間に消費されるべき事務用消耗品等の財貨) 　　回答がYesの場合、貴社では棚卸資産にそのような貯蔵品を含めていますか？				☐ ☐	☐ ☐			

3. 影響度調査の計画の策定

【「第2節　影響度調査」の構成】

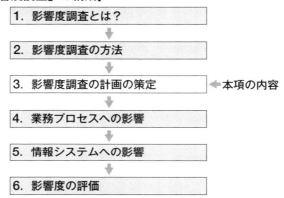

前項までで調査の範囲(対象会社・項目)と調査方法の決め方について触れましたが、これらを具体的な計画に落とし込んでいくことが必要です。

IFRS導入は経営トップや経理部門だけでなく、事業部門を含めた全社的なプロジェクトとなるため、社内各部署の合意を得やすい資料、つまりは理解しやすい計画を策定すること、作業を「見える化」しておくことが求められます。

調査計画策定にあたっては、以下の5点に留意しながら進めることが効果的です。

【影響度調査の計画策定時の留意点】

[1] マイルストーンの明確化

各作業のゴール、目的を定義します。

具体的には成果物完成や報告会など、プロジェクトにおける主要な到達点を設定します。最終目標は会社に対する影響度の評価ですが、短期的な作業目標を設定し、締切りを設定することで進捗を把握しやすくします。

[2] 実施内容の明確化

それぞれの担当に何をして欲しいのか、作業内容の要件を定義します。

実施項目を進捗管理できるレベルで、できるだけ詳細に細分化して列挙します。具体的には、収益認識、棚卸資産、有形固定資産、連結などの実際の調査項目単位で日程を決定します。

[3] 役割分担の明確化

影響度調査には多くの関係者が存在します。

このため、責任者、担当者、また監査法人及び外部アドバイザリー会社の関与の仕方など、それぞれの役割を意識することが大切です。

なお、自社と監査法人及び外部アドバイザリー会社とのかかわり方は通常は提案・契約の段階で決定することとなります。自社内でIFRSに関するノウハウやツールを持たない段階ですので、影響度調査は監査法人及び外部アドバイザリー会社が主体となるケースが多くなります。

[4] 工数見積りの実施

計画当初は概算で見積ることになります。日常のコミュニケーションから想定される工数を記載し、全体の工数を取りまとめます。

また監査法人及び外部アドバイザリー会社を利用する場合には支払報酬額等について予め合意しておく必要があります。

[5] 実施日程の調整

[1]〜[4]を考慮した上で、各担当部署の責任者に日程調整を依頼します。会社の状況にもよりますが、この段階ではプロジェクト担当者もまだ決まっておらず、経理部担当者が兼任することも多いため、決算等の日程と重ならないように調整を進める必要があります。また実施した結果、再調査が必要になる場合もあるため、予備日程についての取扱いも決めておくことが必要です。

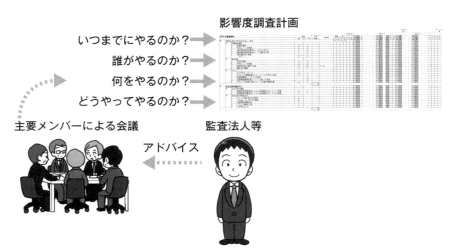

　費やすべき工数は会社の規模感や影響度調査の位置づけにより異なります。
　少ない人数で短期間に集中して調査を行う場合には、詳細な計画書を作成しなくても作業の管理が可能な場合もあります。
　影響度調査の主要メンバーの調査レベルを最初に共有しておくことが、最終的な成功に結びつきます。
　多くの会社ではおおむね3か月程度の期間を設け、進捗確認のためのミーティングを週1回または隔週程度で実施することが一般的です。それ以上の工数については別途プロジェクトを設定し、改めて調査をするようにすると、全体の業務を円滑に進めることができます。

4. 業務プロセスへの影響

【「第2節　影響度調査」の構成】

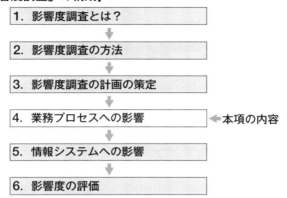

　影響度調査では、日本基準とIFRSの会計数値の差異がいくらになるかだけでなく、業務プロセスへ与える影響も同時に調査することが一般的です。この業務プロセスに与える影響の概要について、以下で説明しています。

[1] IFRS導入が業務プロセスへ及ぼす影響

　影響度の調査は、まず従前から適用している会計基準とIFRSの差異を把握することを目的とします。

　この結果、会計処理だけでなく業務プロセスへも影響が及ぶ可能性があると結論づけられることがあります。

　これは、IFRSの導入により会計処理が変わることに伴い必要な情報を獲得する業務プロセスにも影響を及ぼす可能性があるためです。

　小売業においては主に以下の各プロセスで情報獲得のための既存業務プロセスの変更を検討する必要があります。

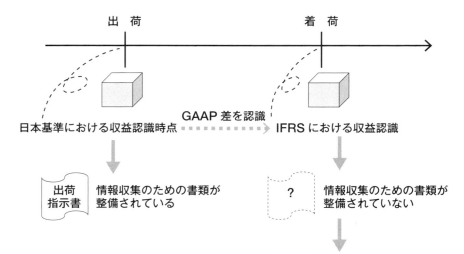

[2] 影響度調査の段階で実施すべき事項

　影響度調査の段階では、会計基準の変更による財務数値にスポットを当てた調査が実施されます。この中で、変更後の数値情報を入手するためには業務プロセスの変更が必要になる、もしくは、必要になるかもしれない項目を挙げています。

　この段階では、検討事項を網羅的に洗い出すことが目的となりますので、詳細な検討は次の段階で行うことが一般的です。

【影響度調査段階での作業イメージ】

[3] 影響が及ぶ可能性があるプロセスの紹介

　ここでは影響が及ぶ可能性がある典型的なプロセスについて、発生する影響の例を紹介します。会計上の考え方については**第2節**をご覧ください。

（販売プロセス）

　ⅰ. 売上計上のタイミング

　例えば、日本基準では出荷時に売上計上され、IFRSでは着荷時に売上計上されるとします。その場合、客先への着荷時や検収時に売上が計上されます。商品配送や通信販売など、顧客からの受注、商品配送及び商品受取にタイムラグがあると、受取人にいつ商品が届くのかを企業側が把握する必要があります。

　ⅱ. 商品券回収損失引当金

　日本基準の会計処理で、発行後・未使用の商品券に係る負債の取崩後に商品券回収損失引当金を計上していない場合、IFRSに対応するために、負債計上を中止した商品券に対して将来使用が見込まれる額を把握するプロセスが必要になる可能性があります。

（店舗出店・店舗維持）

　ⅰ. 減価償却単位・減価償却方法

　税務上の耐用年数を参考にした減価償却が行われている場合には、どのような単位（コンポーネント）で固定資産登録をするのが適切か、耐用年数や残存価額はいくつに設定するのが適切かなどについて、実務的な対応方針・対応方法を検討する必要があります。

　ⅱ. 減価償却方法の見直し

　IFRSでは、登録された固定資産について、減価償却方法・耐用年数・残存価額を毎期末に見直すことが求められています。そのため、減価償却の見直しについて実務的な対応方法を検討する必要があります。

(購買・在庫管理)
　ⅰ. 原価の配分方法

　IFRSへの対応で、性質や使用方法が類似する棚卸資産について、同じ原価算定方法に変更するために、原価算定方式の変更が必要な場合があります。その際には、受払管理が変更後の原価算定方式に対応可能なよう業務プロセスの確立が必要となります。

　ⅱ. 原価の測定技法

　IFRSでは、標準原価は実際原価と近似する場合のみ使用が認められており、日本基準で使用された標準原価をIFRS上も簡便的に用いることが認められるか否かを標準原価の精度等の点からあらためて検証する必要があります。そこで、標準原価の定期的な見直しを行うための業務プロセスが新たに必要となる可能性があります。

5.　情報システムへの影響

【「第2節　影響度調査」の構成】

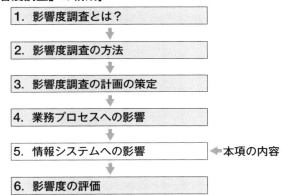

　影響度調査では、日本基準とIFRSの会計数値の差異がいくらになるかという影響だけでなく、システムへ与える影響も同時に調査することが一般的です。このシステムに与える影響の概要について、以下で説明していきます。

[1] IFRS導入がシステムへ及ぼす影響

　IFRSの導入に際し、情報システム対応がどの程度必要なのかを調査する必要があります。

　会計処理の変更を行えば、会計システムだけでなく、業務プロセスの変更に伴って関連するシステムが影響を受けることになります。例えば収益認識基準の変更に伴う販売プロセスの変更を受け、販売管理システムを改修する必要が生じます。会社によっては新規のシステムを導入する場合もありますが、既存のシステムに変更を加えて対応する場合もあります。

　また、システム改修の範囲をどこまで広げるかも会社によって異なります。IFRS導入に伴うシステム対応には、既存の仕組みをなるべく変更しない必要最低限の対応から、手作業を極力減らしシステム対応により業務を効率化する方法、さらにIFRSを契機にグループ会社の情報システムを統合する方法など、

対応の選択肢と範囲が幅広く存在します。

どの程度のシステム対応を行うのかによって、かかる時間と費用が大幅に変わってくるため、できるだけ早期にシステム対応の調査を始めることが、IFRS導入をスムーズに進める上での重要なポイントとなります。

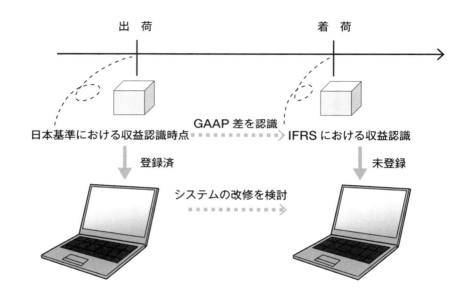

[2]影響度調査の段階で実施すべき事項

影響度調査の段階では、会計基準の変更による財務数値にスポットを当てた調査が実施されます。この中で、変更後の数値情報を入手するためにはシステムの変更が必要になる、もしくは、必要になるかもしれない項目を挙げています。

この段階では、検討事項を網羅的に洗い出すことが目的となりますので、詳細な検討は次の段階で行うのが一般的です。

【影響度調査段階での作業イメージ】

[3] 影響度調査後の対応過程の概要

調査にあたっては、以下の順に整理していきます。

① 業務プロセスの変更に関連するシステムの特定

② システム影響度の調査

① **業務プロセスの変更に関連するシステムの特定**

まず、業務プロセスの変更により、既存の情報システムからの改修が必要になる情報システムを洗い出します。

小売業に関連する例としては、以下のような項目が考えられます。
- 決算業務プロセスの変更に伴う会計システムへの影響
- 売上プロセスの変更に伴う販売管理システムへの影響
- 棚卸資産評価プロセスの変更に伴う在庫管理システムへの影響
- 固定資産の減価償却方法の変更に伴う固定資産システムへの影響

なお、具体的な影響と対応については「**第4節　対応策の検討・立案　6. システムでの対応事項の決定・変更**」を参照してください。

② **システム影響度の調査**

影響を受けるシステムを特定したら、次にIFRS対応に必要な工数・金額を見積もるために、影響度を判定します。

具体的には、以下を考慮し、IFRSに対応したシステムを構築するための難易度を判定します。一般的にはシステム影響チェックリストを用いて、GAAP差異項目ごとにシステム影響度を「高」「中」「低」で判定します。

- 対応箇所の数（システム数やアプリケーション数を含む）
- 既存パッケージシステムの標準機能でIFRS対応可能かどうか（機能変更や新規システム導入の必要の有無）
- 処理の複雑性や処理数の規模（複雑な計算や、処理数が多くないかなど）

6. 影響度の評価

【「第2節　影響度調査」の構成】

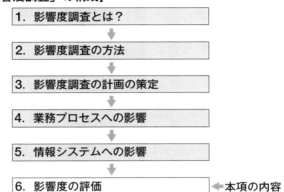

「影響度評価」としては最終段階になりますが、IFRS導入という最終目標に対してはまだ第一段階が終わったにすぎません。影響度の評価は、今後の工程に役立つように資料を取りまとめておくことが望まれます。影響度の評価に当たっては、以下の点に留意が必要です。

① **課題の優先順位付けに役立つように行う**

経理財務面への影響だけでなく、プロセス、システムなど、会社の業務フローに与える影響についても考慮します。

② **各項目で共通の「モノサシ」として使用できるように定義づけする**

後工程で作業を行う際、どれを優先すべきかの判断基準にできるように設定します。例えば業務システムの変更を伴う場合は高、マスタの変更だけならば中、システムへの入力書類の変更ならば低、のように多くの人が同意しやすい基準を設けます。

【影響度判定例】

	高	中	低
財　務	●影響額(概算)が○億円以上	●影響額(概算)が△億円以上〜○億円未満	●影響額(概算)が△億円未満
業務プロセス	●経理部門以外の部署の対応が必要 ●新規プロセスを設定する必要がある	●経理部門以外の部署の対応が必要 ●既存のプロセスの変更で対応できる	●経理部門のみで対応可能 ●既存のプロセスの変更で対応できる
システム	●既存システムの大幅改修又は重要な新規システムの開発を要する ●手作業での対応は不可能	●既存システムの改修又は比較的簡単な新規システムの開発を要する ●手作業で対応可能だが負荷が大きい	●既存システムの軽微な改修で対応可能 ●手作業でも代替可能

③　「見える」形で整理する

　最終的な影響度の評価は「報告書」にまとめられます。

　報告書を作成する目的はあくまでも影響度調査を行った結果、何がわかったか、そして会社として今後何をしていくべきかを関係者に説明することにあります。そこで、調査で入手した情報を簡潔に直感的に理解できるように取りまとめておくことが求められます。

　以下は成果物の具体例です。

第3章
小売業におけるIFRSの導入

(課題管理表)

　優先度の高い項目を一表に整理したものです。後日、個別計画を策定する際の作業の切り分けに役立ちます。詳細については、調査済みのチェックリストを参照します。

<●●社>
課題管理シート

(ヒートマップ)

　重要度の高い項目を赤、低い項目を青などで表し、視覚的な理解を助けます。限られた時間の中で項目ごとの重要度を説明する際に大変効果的です。

NO.	項 目	潜在的な財務上の影響	潜在的な業務・ITの影響
1	収益認識	中	高
2	棚卸資産	中	中
3	有形固定資産	中	高
4	リース	中	中
5	従業員給付	中	低
6	減損	中	高
7	外貨取引	低	低
8	引当金	中	中
9	連結・持分法	低	高
10	無形資産	中	高
11	金融商品	高	中
12	初度適用	高	中

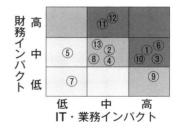

【優先順位の判定基準】
■ 財務数値、業務プロセス、ITに与える潜在的影響が大きく、IFRS導入にあたり、多大な労力を要すると考えられる項目。早めの検討が必要と考えられる。
■ IFRSの導入にあたり中程度の労力を要すると考えられる項目。
□ IFRS導入にあたり、さほど労力を要さないと考えられる項目。

社長「長沼くん、先日は影響度調査の結果報告ありがとう。我が社もいよいよIFRS導入に向けて歩き出したな。プロジェクト・チームも組成されたことだし、また、より一層の尽力をお願いするよ。」

長沼「はい社長、ありがとうございます。本日がプロジェクト・チームの立ち上げ初日ですので、気合いを入れて行ってまいります！」

長沼「おはようございます！ IFRS導入プロジェクトのマネージャーの長沼です。これから長い付き合いになると思いますがよろしくお願いします。今回のプロジェクトについて聞きたいことがあったら何でも聞いてください。」

馬野「早速ですが長沼マネージャー、今回の導入計画を作りたいのですが、我が社はいつまでにIFRSを適用する予定なのでしょうか？」

長沼「そうですね、今回は3年後にIFRSで財務諸表を作成することを考えています。」

馬野「3年ですか…。長いようで短いですね。そこから逆算して計画を策定してみますね。」

長沼「お願いします。」

片上「はじめまして、長沼マネージャー。私は今回のプロジェクトにあたってIFRSの勉強をしてきましたが、私たちだけでIFRSを導入するのは不安なのですが…。」

長沼「はじめまして。今日は我が社のメンバーだけですが、アドバイザーとして会計監査人に加わってもらいます。」

片上「そうですよね、良かったです！ ありがとうございます！」

馬場「私は内部統制を担当している馬場と申します。なぜ経理でもない私がこのチームに呼ばれたのでしょうか。IFRS導入とはあまり関係がないように思うのですが…。」

長沼「今回のIFRS導入で、業務プロセスの改修が見込まれています。その範囲と影響を適切に把握するために選定させていただきました。新たなプロセスの評価は難しいとは思いますが、重要な役割ですのでよろしくお

願いします。」

長沼（経験もバックグラウンドも様々なメンバーが集まったなあ。来月からは外部のプロの方が加わるし、しっかりまとめるぞ！）

第3節　導入計画の策定

　影響度調査の結果、自社にとってIFRSを導入するために、どの程度の時間と費用がかかるかを大まかに把握することができました。この調査結果を受けて、企業として「IFRSを導入するかどうか」という意思決定が迫られます。

　IFRSを導入するとなった場合には、導入の計画を策定する必要があります。**第3節**ではこの導入計画の策定について説明していきます。

第3章
小売業におけるIFRSの導入

1. 導入時期はいつ？

【「第3節　導入計画の策定」の構成】

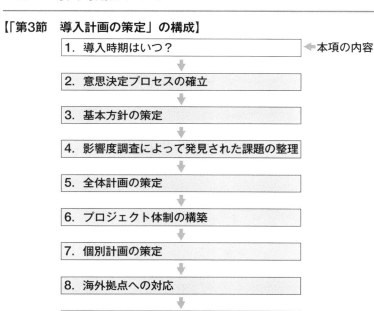

導入計画は種々の制約条件の中で策定されることになりますが、その中でも最も重要な制約条件が導入時期です。導入時期をいつにするかによりプロジェクトの進め方が大きく変わってきますので、まず、導入時期を決定する際の考慮事項についてみていきます。

[1] 導入時期を明確にすることの意義

IFRSを導入するにあたっては、導入時期を明確にすることが重要となります。これは、色々な論点を解決するために費やせる時間はどの程度になるかを把握し、合理的な計画を策定するために必要となる情報です。

IFRSは原則主義であり、その検討についてかけようと思えばいくらでも時間をかけることができます。

このため、まず導入時期を明確にし、身の丈にあった導入計画を策定することが、プロジェクトを成功させる要素となります。

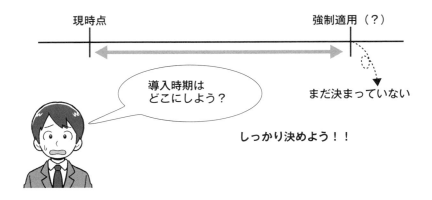

[2] 一般的な導入までのスケジュール

　導入計画の策定は、次のようなステップから行われることが一般的です。各ステップでどのような行動をとるべきかは後述しますが、すでに導入が完了している会社などは、どの程度の期間でこれらの導入を実現しているのでしょうか？

　一般にプロジェクト開始からIFRS移行日までの間に3年程度の期間を置くケースが多くなっています。

　しかし、これは日本における他社事例が極めて少ない状況において、すでに海外展開を十分に行っている大企業が慎重を期して設けた期間なので、今後は導入までの期間が短縮されていくことが予想されます。

[3] 導入時期の決定のための考慮要素

導入時期を決定するにあたっては、次のような項目を参考に、企業の最上位の意思決定機関の承認を経て決められることとなります。

考慮項目	考慮内容
IFRS導入の意図	海外投資家への意思決定情報として有用なものを提供するため比較可能性の高いIFRS導入を考える場合に比して、資金調達目的でIFRS財務諸表が必要となるなど市場の規制によりIFRS導入を考える方が、より導入スケジュールがタイトになる傾向があります。
企業規模	企業の規模によっても導入スケジュールは左右されます。企業規模が大きい方がより検討すべき論点が多くなり、調査・検討範囲が広がることから導入スケジュールが長くなる傾向にあります。
業　種	業種によってIFRS上の検討すべき典型的な論点は異なります。 なお、小売業は、他の業種に比して検討論点が少ないと言われています。これは、多くの売上取引が店頭引き渡しの形態をとること及び一般的には複雑な検討を要する金融商品の保有割合が低いことに起因します。

2. 意思決定プロセスの確立

【「第3節　導入計画の策定」の構成】

1. 導入時期はいつ？
   ↓
2. 意思決定プロセスの確立　←本項の内容
   ↓
3. 基本方針の策定
   ↓
4. 影響度調査によって発見された課題の整理
   ↓
5. 全体計画の策定
   ↓
6. プロジェクト体制の構築
   ↓
7. 個別計画の策定
   ↓
8. 海外拠点への対応
   ↓
9. 会計監査人との接し方

　IFRSは原則主義であるが故に、多くの会計上の判断を求められます。例えば、「店舗の減価償却の年数を税務上の法定耐用年数から経済的耐用年数に変更する」時に、経済的耐用年数として決めた年数が正しいと判断するのは誰でしょうか？

　償却年数の決定は、将来利益の見積りに大きく影響することになり、企業経営を行う上でも非常に重要な決定事項となります。

　このように重要な決定事項について、「誰が決めるのか？」がはっきりしていないと、プロジェクトを進めるうえで思わぬ足かせになることがあります。

　以下に一般的な意思決定の構造を紹介しますので、自社の組織構造に合わせて適切なプロジェクトの意思決定プロセスを確立しましょう。

① ステアリング・コミッティ

　プロジェクトの最高意思決定機関として位置づけられます。最終的な意思決定はすべてこのステアリング・コミッティを経るというプロセスを作ることにより、プロジェクトを円滑に進めることが可能となります。主な役割としては全体レベルの進捗確認、問題点・課題の把握・解決を行うこととなります。

② プロジェクト・マネジメント・オフィス（PMO）

　プロジェクト・チームの各リーダーなどから構成され、定期的にミーティングなどを開催することによりプロジェクトの進捗及び意思決定を行います。プロジェクト・マネジメント・オフィスは実務的な観点から組成され、企業経営に重要な影響を与えないような判断はこの組織で行われることとなります。

　なお、このミーティングには自社のプロジェクト・メンバーだけでなく、会計監査人や外部アドバイザリー会社の適切なメンバーを巻き込むことでプロジェクトを円滑に進めることが可能となります。

③ プロジェクト・チーム

　IFRSの各分野において調査を行い、事象を分析し報告します。小売業では収益、棚卸資産、店舗の減価償却・リース契約、従業員給付などでプロジェクト・チームを組成するケースがあります。また、小売業特有ではありませんが、在外子会社の決算期統一なども重要プロジェクト・チームとして組成の要否を考えるべき論点です。

　具体的には、「**6. プロジェクト体制の構築**」を参照して下さい。

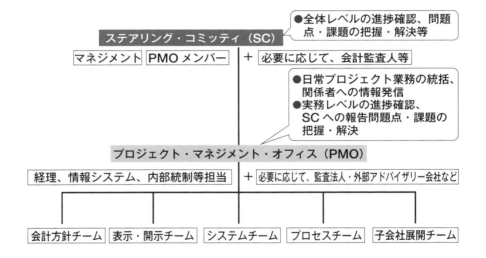

3. 基本方針の策定

【「第3節　導入計画の策定」の構成】

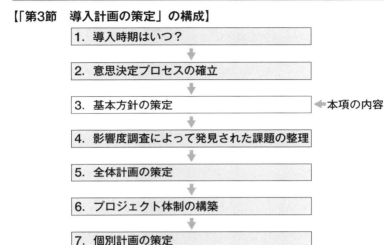

　導入計画を策定するに当たっては、判断に悩む論点は必ず生じます。このときに拠り所となるのが、基本方針となります。この基本方針がブレてしまうと導入計画の項目間で矛盾がでたり、対応すべき項目の漏れや、本当は対応不要な項目まで計画に含めてしまうなどの問題が生じてしまいます。

　このため、まずはIFRSの導入計画を策定するにあたっての基本方針の決定に関する事項について説明していきます。

[1]IFRS導入に係る会社の全社的な目標の決定

　IFRSを導入するに当たって、最初に全社的な目標を決める必要があります。自社がIFRSをどのようにとらえ、どのように取り組むのか、まずは全社的な目標を明確にします。

　IFRS上の全社的な目標は以下の幅の中で決められます。

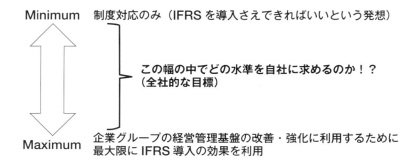

[2] 基本方針の決め方

① 全社的な目標と基本方針

基本方針は、全社的な目標に基づきIFRS導入に関する項目の対応難易度やコスト等を比較検討し、決定していきます。ただし、全社的な目標がMinimumの制度対応のみの場合などは、方針の検討を要しない項目もあります。

基本方針を策定すべき分野は、例えば次のようなものがあります。

- 会計方針策定の方針
- 会社別IFRS対応レベル
- IFRS財務諸表作成方法
- システム対応
- 報告日統一
- 決算早期化

なお、基本方針は検討課題の選定や個別課題に対する対応策など、その後のプロジェクト活動に大きく影響する重要なものです。上記の例の他、基本方針の項目は会社によって異なりますが、判断のタイミングについても検討が進み状況が明らかになってから決定するという場合もあります（ex：決算早期化,連結の範囲など）。

```
                    全社的な目標
                ●最小限：制度対応のみ
                              （選択の幅）
                ●最大限：グループ経営管理基盤の改善・強化に利用
                              ↓
 会計方針策定の方針                              決算早期化
                    【IFRS導入の基本方針  例】
 会社別IFRS対応レベル                            報告日統一
                 IFRS財務諸表作成方法  システム対応    など
```

② **基本方針の策定手順**

次に、具体的な基本方針の策定手順におけるいくつかの項目について決めていきます。

ⅰ．基本方針の策定〜IFRS財務諸表の作成方法〜

IFRS財務諸表を作成する際に取り得るアプローチは、以下の2つです。

- ●各グループ会社でIFRS財務数値を作成
- ●連結調整でIFRS財務数値を作成

この2つの方法は、全社的な目標と照らしたときに次のような関係になります。

全社的な目標	IFRS導入の効果を最大限利用	制度対応のみのミニマムマスト
手　法	各グループ会社でIFRS財務数値を作成	連結調整でIFRS財務数値を作成
メリット	●グループ全体で単一のベンチマークに基づく活動が可能となり、財務報告と経営管理との整合性が高まる。 ●決算時のサプライズが減少する。	●導入に伴う手間が大幅に削減される。
デメリット	●プロジェクトが複雑化する。 ●コストが増加する。	●グループ全体で共通のベンチマークに基づき活動するという経営目的が達成できない。 ●中長期的な経営方針との整合性を確保できない可能性がある。

　ただし、IFRS財務諸表の作成方法は子会社の重要性によりその方法を区分けする場合もありますので、厳密には両手法の間で幅を持って対応することになります。

ⅱ. 基本方針の策定～会計方針策定の基本方針～

　会計方針を策定し文書に落とし込むことになりますが、その際にも基本方針を策定しておくことが重要です。基本方針が曖昧なままにスタートをしてしまうと思わぬ手間とコストがかかりやすい項目なので、プロジェクトの初期にしっかりと基本方針を決めましょう。

全社的な目標	IFRS導入の効果を最大限利用	制度対応のみのミニマムマスト
手　法	会社の状況に最適な方法を選択	会計処理、プロセスにおいて最低限の指針のみ
メリット	●グループ全体で最適な適用指針が作成されることによりグループとして決算情報の精度があがる。 ●グループ子会社が参照すべき詳細な会計方針書を持つことによりグループで共通した会計処理の適用が可能となる。	●導入に伴う手間が大幅に削減される。
デメリット	●IFRSは非常に判断事項が多いため会計方針の策定に時間を含む多大なコストがかかる。	●グループ全体で共通の会計方針を持たないため同じ事象に対して異なる会計処理が行われる可能性がある。 ●取引の都度子会社からの問い合わせ事項が生じる可能性が高まる。

ⅲ. 基本方針の策定〜導入範囲の決定〜

導入範囲の決定は、プロジェクトを進行する上で、重要性の高い決定事項の1つです。一概に導入範囲と言っても多方面にわたりますので、まずは範囲として決めるべき項目を整理します。

	広い（基準要求）	狭い
連結の範囲	IFRSの基準通りに全社を連結する。	IFRSのフレームワークに基づき財務諸表利用者の意思決定に影響を及ぼすか否かという観点から重要性に関する判断を行う。

IFRS対応レベルの範囲	全ての勘定科目及び子会社に対してIFRSの基準を適用する。	重要性の無い勘定科目及び子会社に対してはJGAAPによって連結財務諸表数値を作成する。
報告日統一の範囲	実務上、不可能でない限り、親会社と子会社の報告日を統一する。	子会社の重要性に応じて報告日を統一せずに子会社決算日から報告日までの重要な取引のみを調整し、疑似的な決算とする。

　表のIFRSの導入の範囲はいずれも導入コストを計算する上で最重要項目となります。したがって、上記の基本方針を早期に決定しておくことが必要です。

　また、自社の会計監査人ともディスカッションを行い、基本方針についてコミットしておくことが予期せぬプロジェクトの遅延を起こさないための重要考慮要素となります。

全社的な目標	IFRS導入の効果を最大限利用	制度対応のみのミニマムマスト
	広い（基準要求）	狭い
連結の範囲	全部連結	一部非連結[※1]
IFRS対応レベルの範囲	全面適用	部分適用[※1]
報告日統一の範囲	統一	一部未統一[※1]

※1　重要性が著しく低い場合に取り得る方法となることに留意して下さい。

　ⅳ. 基本方針の策定〜管理会計への影響〜

　業績評価や予算管理など、管理会計において将来IFRSの財務数値をどのように使用するか、またIFRS導入をきっかけとして管理会計を高度化してグルー

プ経営管理基盤の強化を行うのかを検討します。

IFRS導入をきっかけとして管理会計を変更するという判断を行った場合、IFRS導入プロジェクトで必要な対応を洗い出し導入計画に加える必要があります。

これは、データ収集のためにプロセスやシステムを変更する必要があるなど、導入初期の段階から考慮しておくことが導入後の混乱を防ぐこととなります。

4. 影響度調査によって発見された課題の整理

【「第3節 導入計画の策定」の構成】

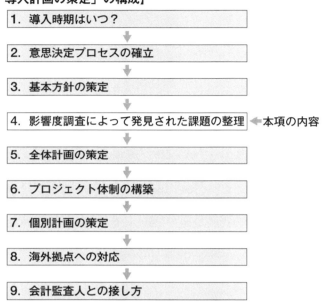

第2節において影響度調査について説明をしましたが、その結果を導入計画へ反映させることになります。影響度調査の段階で紹介した課題管理表をベースに、担当者や期限等の管理項目を追加することにより、導入計画の策定のための情報整理を行います。

この段階では具体的な対応方針まで決まらない項目も多くあると思いますが、「何が」課題かを把握し、「いつ」までにやるか、「誰が」やるかということを明確にしておくことが導入計画を適切に作成する上で重要な項目です。

具体的には、「**7. 個別計画の策定**」を参照して下さい。

第3章
小売業におけるIFRSの導入

影響度調査チェックリスト

【管理項目記入(例)】
- 検討課題
- 関連プロジェクトチーム
- 起案日
- 起案者
- 課題オーナー
- 優先度（高・中・低）
- 課題解決に向けてのアクション
- ステータス
- 期限
- 解決日　など

対応すべき課題を
選定し、シートを加工

5. 全体計画の策定

【「第3節　導入計画の策定」の構成】

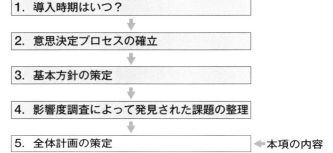

前項までで、会社の基本方針と課題整理が完了したと思いますが、実際にこれらをスケジュールに落とし込んでいきます。

【前項までで決まったこと】

節	決まった事項
1. 導入時期はいつ？	いつIFRSを導入するのか？
2. 意思決定プロセスの確立	誰が決めるのか？
3. 基本方針の策定	何に基づいて決めるのか？
4. 影響度調査によって発見された課題の整理	何が問題であるのか？

上記の事項が決まっていますので、次のプロセスにより全体計画を策定することとなります。

[1] 全体計画の策定手順
(ステップ1) ゴールを明確に
　繰り返しになりますが、IFRSを導入するにあたっては、導入時期を明確にすることが重要です。ゴールの時期を明確にすることにより、費やせるコストの配分を適切に行えることになります。
(ステップ2) タスクの羅列
　影響度調査の結果出た課題の解決など、自社が抱えているタスクを羅列します。このステップではタスクの取捨選択は行わず、網羅的に挙げていくことが重要です。
(ステップ3) 各タスクのゴールの設定
　ゴールとタスクが明確になったら、各タスクの対応方針を基本方針に照らして決めます。そのうえで、導入時期から逆算し、各タスクの期限と担当を決めていきます。

[2] 全体計画からの遅延要因
　全体計画の策定は、今後のスケジュールを管理する上で非常に重要な指針となります。IFRS導入プロジェクトはどこの会社も初めて経験するプロジェクトとなりますので、プロジェクトの遅延が生じやすい状況にあります。
　したがって、何故スケジュールから遅れているのかを適切に分析することが必要です。
　一般に、IFRS導入計画が遅延する要因には、以下のようなものがあります。
(1) 検討が詳細に行われすぎている
　特に陥りがちな遅延要因となります。IFRSは原則主義であるため、どのレベル感で決定を下すべきかを当初から意識していなかったが故に情報収集にばかり走ってしまい、肝心のゴールへ直結する行動をとっていない場合がありま

す。

　なぜその課題が生じており、ゴールはどこか、またどこまで達すればゴールであるのかということをしっかりと意識したうえで、プロジェクトを進める必要があります。

(2) 当初の見積りが甘かった

　このリスクはどういったプロジェクトでも生じうるものですので、仕方ない部分はありますが、計画策定に同プロジェクトを経験している監査法人や外部アドバイザリーなどを適切に関与させることにより、リスク低減を図ることができます。

(3) 意思決定プロセスが適切に構築されていなかった

　IFRSは原則主義であるが故に、判断を要する課題がプロジェクトの各段階で生じます。これらの課題を解消する意思決定プロセスが適切に構築されていないため、課題が積み上がってしまい、解消しづらい遅延を招くことがあります。

　前節にて意思決定プロセスの構築については記述していますが、プロジェクトの遅延のリスクともなり得ることを意識して、しっかりとした体制を構築できているか考えるべき項目となります。

(4) 関連部署との連携が適切に行えていない

　IFRS導入は会計基準の導入であるため、まずは経理部門が中心となってプロジェクトを進めることが一般的です。この時に、導入初期段階で関連部署への適切なアナウンスを怠る、またはプロジェクト・チームへ巻き込めなかったことにより、導入の各段階で生じた課題に対する協力を関連部署から受けられないことがあります。

　この状態を放置すると、経理部門が何でも手持ちの情報だけで解決することを考えるようになり、何も進まない状態が継続してしまうことがあります。

(5) IFRS導入に関する世間の無関心化

　2011年6月21日の金融庁の自見庄三郎担当大臣（当時）のIFRS強制適用の先送り発言に伴い、多くの企業では導入プロジェクトを中断しています。

一方で、政府は、2016年末までの300社程度のIFRS任意適用に向けてあらゆる対策を検討し、実行に移すとともに、積極的に環境整備に取り組むべきとの提案をしています。これを受けて、IFRS導入の再検討を行う企業が増えています。

　このように、IFRS適用は各社にとってビッグプロジェクトであるがゆえに、世間の大きな流れにプロジェクトが左右されてしまうというのもまた事実です。

　このリスクは自社では低減することはできませんが、リスクがあることを意識しておくことが、プロジェクトの全体管理からは有用になります。

6. プロジェクト体制の構築

【「第3節 導入計画の策定」の構成】

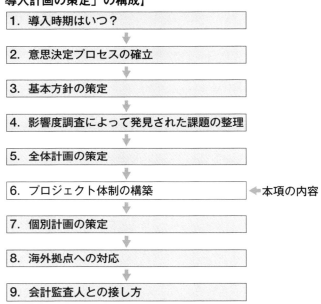

全体計画が出来上がれば、いよいよ実際に手を動かすための準備が必要となります。**第6項**では、このためのプロジェクト体制の構築手順についてみていきます。

[1]IFRSの導入に係るプロジェクト体制の構築

前節までで、IFRS導入プロジェクトの全体像が出来上がりましたので、この計画を個別の計画に落とし込んでいく必要があります。導入プロジェクトとして主に組成すべきプロジェクト・チームには、次のようなものがあります。

ⅰ.会計方針チーム

導入初期から最終段階に至るまで先頭に立って走るチームです。IFRS導入は、適用する会計基準、会計方針・処理の変更ですので、このチームの意思決

定が他のチームにも大きく影響を与えることになります。

通常は重要な論点ごとにチームを組成し対応していくことになります。小売業においては、以下のような論点ごとにチームを組成することが効果的と考えられます。

収益チーム	前章でも触れていますが、小売業の場合は収益の総額表示/純額表示やポイント制度に関する会計処理（カスタマー・ロイヤリティ・プログラム）など多くの論点が存在します。 したがって、プロジェクト・チームを組成し、論点を1つずつ丁寧に潰しこむ作業が必要です。
棚卸資産・固定資産	棚卸資産・固定資産など資産に係る論点も多く存在します。例えば、棚卸資産の原価計算方法の変更や固定資産の減価償却方法の変更は、自社のシステム対応可否を含めて幅広い検討が必要です。 小売業の中でも様々な管理体制が敷かれていますので、自社の管理構造に合わせたプロジェクト・チームを組成し対応することが必要です。
従業員給付	小売業は契約形態の分かれた多くの従業員を雇用しているという特徴があります。また、従業員給付についても多くの論点が存在します。従業員給付の論点は、非常にテクニカルなものが多いことも特徴的です。 したがって、プロジェクト・チームを組成し対応することが必要です。
連結・決算期統一	近年、海外展開を積極的に進めている小売業の会社は多く、また、IFRS導入を志すような会社はこの傾向が一層強いと考えられます。日本基準においては、海外子会社の決算日と連結決算日の差異が3か月を超えない場合には、子会社の正規の決算の取り込みが許容されており、IFRS導入に際して、決算期を統一するか仮決算を組むかなどは決算早期化の論点と合わせて検討が必要であり、重要かつパワーのかかる論点です。

ⅱ. 表示開示チーム

表示及び開示についても、プロジェクト・チームを組成することが必要で

す。IFRS財務諸表を作成するにあたっては、日本基準にはない開示要求も多く、情報収集の範囲及び方法を変更し対応することになります。

このため、自社に必要な開示事項を早期に特定し、現状有している情報で開示が可能なのかどうか、新たな情報収集が必要なのであればどのように行うのか、などの検討を行うことが必要です。

ⅲ．プロセスチーム

IFRS導入に伴いプロセス改修が必要になる場合があります。プロセスの変更は自社の経営に影響を与える事項ですので、プロセス変更が及ぼす影響やその範囲について、関連する部署と適切なコミュニケーションを取る必要があります。必要に応じて関連部署からもプロジェクト・メンバーを選定するなど、変更の影響を適切に吸収できるチーム組成が必要です。通常は、会計方針チームが兼務し、適切な関係者をチームに組み込むことが多くなります。

ⅳ．システムチーム

IFRS導入に伴いシステム改修が必要になる場合があります。システムの改修は専門的な知識を持ったメンバーでなくては対応できないことがほとんどですので、自社のIT部門からもプロジェクト・メンバーを選定しプロジェクト・チームを組成することが必要です。

ⅴ．海外子会社を含む子会社展開チーム

通常のIFRS導入は、親会社を中心とする主要会社を範囲として先行して進められます。このため、海外の子会社を含むその他の子会社については、同様の作業を2順目に行うこととなります。

海外子会社へのIFRS導入は、現地の会計基準とIFRSの差異を把握して対応方針を決めるなど、国内子会社に無い特殊性があります。このため、語学や現地の事情に長けているメンバーをチームに含めるなどの対応が必要です。

7. 個別計画の策定

【「第3節　導入計画の策定」の構成】

1. 導入時期はいつ？
   ↓
2. 意思決定プロセスの確立
   ↓
3. 基本方針の策定
   ↓
4. 影響度調査によって発見された課題の整理
   ↓
5. 全体計画の策定
   ↓
6. プロジェクト体制の構築
   ↓
7. 個別計画の策定　　←本項の内容
   ↓
8. 海外拠点への対応
   ↓
9. 会計監査人との接し方

各チームが組成されたら、次にプロジェクトごとの個別計画を策定することが必要です。この個別計画も、全体計画で決められたⅰ.各プロジェクトに係る導入項目の期限とⅱ.基本方針に基づいて行われます。

以下に1つの例を示します。

【全体計画によって決まっている事項】

IFRS導入時期	4年後の2020年3月期
IFRS移行日	2018年4月1日
グループ会計方針	2017年3月31日までに適用すべき会計処理の検討を終了させる。基本方針は、親会社等の主要会社は重要性によらずIFRSを厳密に適用する。

	ただし、プロセス及びシステムの検討を2016年10月から開始する予定であるため、影響が及ぶ事項について、この期限までに検討しておくことが必要である。

(個別計画の策定)

【(ステップ1) タスクの分割】

グループ会計方針	収益	総額表示／純額表示
		ポイント制度
		物品の販売 －ギフト売上の収益認識時期 －通信販売(返品・試用期限あり)の収益認識時期
	資産管理	棚卸資産
		固定資産
	従業員給付	退職後給付
		有給休暇引当
		その他長期従業員給付

【(ステップ2) 各論点の課題の整理】

論 点	課 題	課題の整理
総額表示／純額表示	自社では消化仕入を行っており総額表示を採用している。	当該論点の結論は、総額で表示するか純額で表示するかの論点であるため、すでに数値は収集できており、プロセスやシステムへは影響しない。
ポイント制度	自社のポイント制度を運用している。	カスタマー・ロイヤリティ・プログラムの制度に当てはまるかが論点となる。 なお、ポイント制度のシステムは都度更新のものであり、過去時点の使用実績や残高を表示することができない。

物品の販売 　－ギフト売上 　－通信販売	ギフト売上・通信販売を行っているが、出荷日から顧客が商品を受け取るまでに相当程度の開きが生じている。 これらの売上については、売上計上日を各業務担当が業務システムへ登録し、会計システムへインタフェースを行っている。	現時点では出荷時点で収益を認識している。 仮に顧客の商品受け取り時点を収益認識時点と変更した場合、当該情報は会社として一切有していない。 このため、認識時点を変更する場合には業務プロセスの改修の必要性も合わせて検討する必要がある。

【(ステップ3) 期限の設定とリソースの配分】

論　点	期　限	リソースの配分
総額表示／純額表示	2017年3月31日	総予算：○○人日 担当チーム：収益プロジェクト・メンバー サブリーダー：○○ 担当メンバー：○○、○○
ポイント制度	2016年9月30日[※1]	総予算：○○人日 担当チーム：収益プロジェクト・メンバー サブリーダー：○○ 担当メンバー：○○、○○
物品の販売 　－ギフト売上 　－通信販売	2016年9月30日[※1]	総予算：○○人日 担当チーム：収益プロジェクト・メンバー サブリーダー：○○ 担当メンバー：○○、○○

※1　プロセス及びシステムへ影響が及ぶ可能性があるため、最終期限の設定を会計上のみの論点のものに比して早めに設定する。

【(ステップ4) 一覧表の作成】

No.	大項目	項目	検討課題(要約)	課題の整理	担当プロジェクトチーム	プロセス影響	システム影響	予算	対応策	担当者	ステータス	期限
1-1	収益	収益の総額／総額表示	自社では消化仕入を行っており総額表示を採用している。	当該論点の結論は総額で表示するか純額で表示するかの論点であるためすでに数値は収集できており、プロセスやシステムへは影響しない。	収益チーム	無	無	○○人日	次節参照	○○(リーダー)○○○○	未了	2017/3/31
1-2	収益	ポイント制度	自社のポイント制度を運用している。	カスタマーロイヤリティプログラムの制度に当てはまるかが論点となる。なお、ポイント制度のシステムは都度更新のものであり、過去時点の使用実績や残高を表示することができない。	収益チーム	無	有	○○人日	次節参照	○○(リーダー)○○○○	未了	2016/9/30
1-3	収益	物品の販売ーギフト売上ー通信販売	ギフト売上・通信販売を行っているが、出荷日から顧客が商品を受け取るまでに相当程度の開きが生じている。これらの売上については、売上計上日を各業務担当が業務システムへ登録し会計システムへインタフェースを行っている。	現時点では出荷時点で収益を認識している。仮に顧客の商品受け取り時点を収益認識時点と変更した場合、当該情報は会社として一切有していない。このため、認識時点を変更する場合には業務プロセスの改修の必要性も含わせて検討する必要がある。	収益チーム	有	無	○○人日	次節参照	○○(リーダー)○○○○	未了	2016/9/30

8. 海外拠点への対応

【「第3節　導入計画の策定」の構成】

1. 導入時期はいつ？
2. 意思決定プロセスの確立
3. 基本方針の策定
4. 影響度調査によって発見された課題の整理
5. 全体計画の策定
6. プロジェクト体制の構築
7. 個別計画の策定
8. 海外拠点への対応　　←本項の内容
9. 会計監査人との接し方

　先に触れたような影響度調査においては、親会社及び重要な子会社における評価がメインであり、必ずしも子会社すべてをカバーするものではありません。しかしながら、小売市場規模の拡大は、特に人口が増加している国において顕著にみられます。現在は国内のみで営業している小売業の会社においても、今後海外展開を検討することも多くあるものと考えられます。この節では、子会社に対するIFRS導入を行うに当たり、気をつけるべきポイントについて述べます。

① **海外の子会社の調査の難しさ**

　子会社の中でも特に海外の子会社は、調査を行うに当たって、次のような要因から難易度が上がります。

●地理的な遠隔性
●法的要因（適用する会計基準の違い）
●商慣習の違い
●言語の問題

②　子会社影響度調査のタイミングと規模

まずは、子会社の影響度調査のタイミングですが、一般的に親会社における影響度調査を実施した後に行います。親会社における影響度調査の結果を利用することで、不要な調査項目については削減した上で子会社に対する調査を行うことができます。また、親会社における影響度調査の実施において、重要な子会社については同時に評価を行ったことと思いますので、改めて子会社影響度調査を行う会社の範囲は限定的であると考えられます。したがって、子会社影響度調査の項目数や工数は、先行して調査を実施した親会社のものよりも少なくすることができます。

さらに、基本的に海外子会社ではすでにIFRS又は米国会計基準を採用している（実務対応報告18号対応済み[1]）場合が多いと想定されます。これにより、海

1　在外子会社のIFRS又は米国会計基準を適用して作成した数値を連結財務諸表へ取り込むことができるとする基準。ただし、のれんの償却などの一部の日本基準との重要な差異を調整しなければならない。

外子会社における影響度調査においては、日本基準を適用していた親会社・国内子会社ほどには、GAAP差が検出されるケースは少ないものと考えられます。

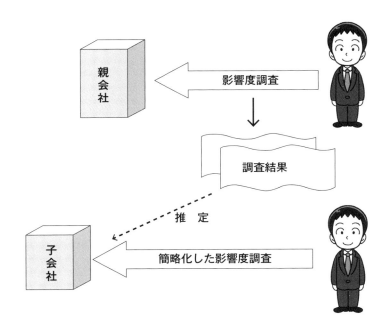

③ **子会社影響度調査のパターン**

　子会社に対する調査は、現地訪問の有無・訪問者によって、以下の3パターンに分類することができます。

　ⅰ．訪問あり、親会社プロジェクト・チーム実施
●調査方法：親会社プロジェクト・チームが子会社を訪問し、質問票等を用いてヒアリングを行う（さらにメール・電話会議等により継続的にフォローする）。
●想定子会社：海外子会社のうち、連結グループにおける重要性・ビジネスの複雑性の高い、直接のヒアリングが適すると判断された会

　　　　　　　社や導入プロジェクトの進行中にM＆Aなどで取得した重要
　　　　　　　な子会社

ⅱ．訪問なし、親会社プロジェクト・チーム実施
●調査方法：親会社プロジェクト・チームが子会社に対して質問票等を送付
　　　　　　し、回答を分析する（追加質問等はメール・電話会議等により行
　　　　　　う）。
●想定子会社：海外子会社のうち、課題の内容や子会社の重要性等を踏ま
　　　　　　　え、質問票での回答でも足りると判断された会社

ⅲ．訪問あり、現地子会社会計監査人実施
●調査方法：現地の子会社会計監査人又はアドバイザーが子会社を訪問し、
　　　　　　質問票等を用いてヒアリングを行う。
●想定子会社：海外子会社のうち、法令の重要性・複雑性が高い、又は地理
　　　　　　　的要因が大きい等の理由から、子会社監査人又は現地アドバ
　　　　　　　イザーによる直接のヒアリングが適すると判断された会社

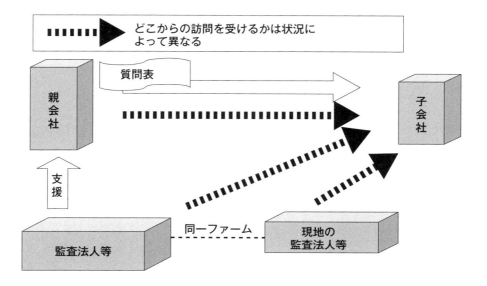

④ 子会社影響度調査のための質問票の準備

　子会社に対する質問票の準備においては、親会社の影響度調査と同様に親会社会計監査人又はアドバイザーが所有するツールを使用し進めることが実務的です。大手の監査法人であれば、過去にIFRS導入を支援した実績もあり、子会社に対する質問票のひな形についても準備があるものと想定されます。ただし、この場合のツールは標準的なものであることから、実際に導入する場合には相応のカスタマイズが必要となることも珍しくありません。したがって、子会社に対して独自の質問票を作成することを検討する場合もあります。また、上記のいずれの場合においても、子会社に対する適切な質問を実施するため、英語に堪能な翻訳要員を確保することも必要となります。

⑤ 質問票の作成における留意点

　上記で述べたような質問票のカスタマイズにおいては、以下のような観点から質問項目に手を加えることが考えられます。
- 明らかに関係のない質問について事前に省略しておく
- 質問が一般的な内容なので、会社実務の具体例を追加するなど、回答者が質問の意味を理解しやすいように工夫する、など

⑥ 将来のグループ展開を見据えた上での留意点

　質問票や訪問を通じて子会社とコミュニケーションを深めるとき、将来の導入の際に必要となる施策について、予め情報を得ることが重要となります。例えば、「決算早期化」は一つの重要なポイントです。開示内容の充実を求めるIFRSに対応することを考えると、決算を早期に確定できる体制を構築し、余裕をもって開示内容の作成を行うことが大切です。そのような体制を整備する過程で決算プロセスの見直し・効率化を図ることができます。また、「決算早期化」により決算発表までに弾力性のあるスケジュールを組むことが可能になり、不測の事態にも対応する余裕も生まれます。

　さらに、IFRS導入の際には、親会社の決算期と同時に子会社で本決算又は

仮決算を行う必要が出てきます。したがって、現時点で親会社と子会社の決算期が異なる場合、「決算期統一」することが可能なのか、又は現地の法令等により統一が難しい場合には、親会社が決算を行うタイミングで「仮決算」を行うことが可能なのか、について確かめることが必要です。

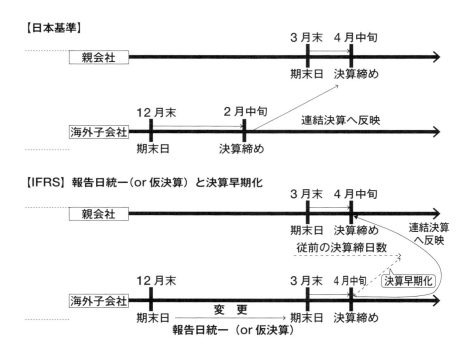

9. 会計監査人との接し方

【「第3節　導入計画の策定」の構成】

1. 導入時期はいつ？
2. 意思決定プロセスの確立
3. 基本方針の策定
4. 影響度調査によって発見された課題の整理
5. 全体計画の策定
6. プロジェクト体制の構築
7. 個別計画の策定
8. 海外拠点への対応
9. 会計監査人との接し方　←本項の内容

　会計監査人との接し方では、綿密なコミュニケーションが重要です。

　子会社においてIFRS導入を行う際には、親会社、親会社監査人、子会社、子会社監査人が関係します。親会社監査人と子会社監査人の間のコミュニケーションが円滑である状態が望ましいですが、両者が同一のメンバーファームではない場合や、海外子会社が置かれている法令環境が特殊な場合では、当初の想定と異なる事態が起きやすくなります。

　同一のメンバーファームに属している場合であっても、現地の法令の違いや文化の違いから、同一の回答が得られるとは限りません。質問票の記載一つ取っても、当初意図したような回答が得られず、後々に誤解が明らかになったり、そもそもスケジュール通りに子会社と子会社監査人のコミュニケーションが進まなかったりすることも考えられます。

また、現地の子会社監査人が、親会社監査人の見解と異なる見解を子会社に伝えると、現地での混乱を招く原因となり得ます。

　遠隔地でのコミュニケーションを行う場合、まずは親会社が親会社監査人と一緒に、子会社に要求したい事項についてすり合わせを行い、その後親会社から子会社に、親会社監査人から子会社監査人に、それぞれ内容の伝達を行うことによって、誤った内容を元にプロジェクトが進行するリスクを低減することができます。

　また、四者での会談の場を設け、不明点はその場で解消すること、スケジュールについて合意を取ることも、プロジェクトマネジメントの観点から有効です。

　これらの工夫を行うことで、ミスコミュニケーションによるプロジェクト遅れを防ぐことができるのではないでしょうか。

衣川「ところでIFRS導入プロジェクトは順調に進んでるのか、マネージャー。」

長沼「茶化すなよ。プロジェクトはお陰様で順調だよ。忙しいけどな。チームのメンバーもみんなよくやってくれてるよ。」

衣川「今は何をやってるんだ？」

長沼「今か？　最近はずっとGAAP差の調査をやってるよ。」

衣川「結構進んでるなあ。小売だとあれか、売上を総額表示にするか純額表示にするかって話があるんだっけ？　お前のところはどうするんだ？」

長沼「うちは当事者として商品を販売してるから、総額表示だよ。でもGAAP差の話だと、どっちにせよGAAP差の有無の調査はやんなきゃいけないから、純額でも総額でも関係ないんだよな。」

衣川「へえ。」

長沼「まあ、金額は売上総利益で算定できるから、調査しなくていいんだけどな。」

衣川「……お前成長したなあ。つい最近まで何も知らなかったのになあ。」

長沼「プロジェクト・マネージャーですから！」

衣川「じゃあ名マネージャー、アカウンティングポリシーはまとまってきたのか？」

長沼「ま、まあな。」

衣川「痛いところ突かれたって顔してるな。」

長沼「だってさ〜、IFRSの基準書って具体的なこと書いてないから自社の方針を自分たちで決めろってのはわかるけど、やりだしたら何か足りない気がして全然進まないんだよ……。」

衣川「ははは。お前意外と細かい性格してるもんな。人も時間も限りがあるしな。お前の会社にあったレベルで作ればいいんだよ。知識がないメンバーが読んでもわかるレベルで必要なところは漏れなくな！」

長沼「それが難しいんだって！」

衣川「俺も苦労したよ。ま、頑張ってくれよ、名マネージャー！」

第4節　対応策の検討・立案

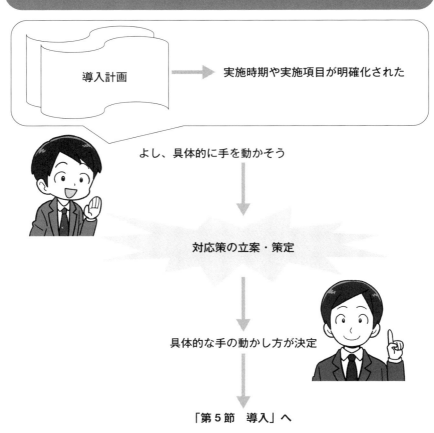

　前節まででIFRS導入の全体計画を描くことができましたので、本節においては、具体的な対応策について触れていきます。

1. GAAP差に対する具体的な調査方法

【「第4節　対応策の検討・立案」の構成】

| 1. GAAP差に対する具体的な調査方法 | ← 本項の内容 |

↓

| 2. アカウンティングポリシー |

↓

| 3. IFRSで求められる書類の整備 |

↓

| 4. 開示スケルトンの作成・開示情報の収集方法の決定 |

↓

| 5. 内部統制上への影響〜業務プロセスの変更〜 |

↓

| 6. システムでの対応事項の決定・変更 |

↓

| 7. 初度適用 |

↓

| 8. トライアルの実施 |

　第3節までで個別論点レベルでの調査計画の策定が完了していますが、本節においては、より具体的なGAAP差の調査方法について、みていきます。以下に小売業がIFRS導入に伴い一般的に調査・検討を行う論点ごとに、具体的な調査方法を記載しています。

　なお、GAAP差の調査は次の2つの視点を意識して立案すると効果的です。

- GAAP差の有無に関する調査
- GAAP差がいくらなのかの調査

　また、日本基準とのGAAP差がないことが明らかな取引に対する調査は不要ですので、不要に調査の範囲を広げないよう、どんな目的を持った調査であるかを意識した対応を行うことが効率的です。

(1)収益認識について

第2章のQ&Aでも述べていますが、小売業の場合、収益に関するGAAP差が数多く存在します。このため、代表的なGAAP差に対する調査方法について検討していきます。

(ア) 売上の総額表示／純額表示に関する調査

消化仕入や委託仕入など、小売業においては収益を総額で計上するか、純額で計上するかについての論点が存在します。したがって、その調査方法を決める必要があります。

この判断を行うに当たっては次のような手順で調査を行うことになります。

ⅰ. 質問表による予備調査

まず、多様な取引の中から本当に調査すべき取引を見つけ出す必要があります。したがって、第2節で触れた判断過程をうまく質問表などの形にして対応を図ることにより、情報収集を行います。

集まった質問表の結果を元にどの取引を検討対象に含めるかを決めるに当たっては、点数化をしておくことで定量的な判断を可能とするなど工夫し、意思決定を円滑に行うことができるよう心掛けることが重要です。

ⅱ. 取引に対する具体的な調査方法

総額表示／純額表示については、取引の実質を判断するために顧客との契約関係や取引慣行を分析し、IFRSの要件にあてはめる必要があります。したがって、次のような調査が一般的です。

閲　覧	契約書、注文書、納品書
質　問	取引慣行及び質問表に記載した事項の再確認（自由処分権、顧客への責任、在庫リスク、価格決定権、信用リスク） なお、経理部内のみならずバイヤー・営業等の取引最前線の現場の意見や感覚についても質問を行うことが望ましい

データ分析	過去の損害補填、返品負担状況、貸倒状況

【調査表のイメージ】

取引概要	
年間の売上額（総額／純額）	

（ステップ1）

自由処分権を有するか（Yes／No）	No	（備考）

（ステップ2）ステップ1がNoの場合にご回答ください

項　目	Yes／No	備考（負っている責任の内容について、ご記載ください）
顧客に対する主たる責任を負っている		
在庫リスクを負っている ※販売時に所有権を有するか（形式）、返品可能であるか、紛失責任を負うか		
価格決定に関して裁量権を有している		
顧客の信用リスクを負っている		
合　計		

（イ）出荷基準に関する調査

　日本基準では、物品の販売を行う場合に、出荷から顧客受取までに時間を要する場合でも、出荷時点で収益を認識することが一般的です。小売業界ではこうした取引形態として、ギフト売上や通信販売などが当てはまります。

　一方，IFRSでは、出荷時点で顧客へ所有権が移転するような特殊なケースを除き、出荷基準が認められるケースは稀であり、GAAP差がいくらである

のかという調査を行う必要があります。

この判断を行うに当たっては、次のような手順で調査を行うことになります。

　ⅰ．予備調査

まず、出荷基準を採用している取引を抽出する必要がありますが、この目的は「出荷基準を採用している取引はあるか？」という質問をIFRS適用範囲へ行えば、ほぼ網羅できると想定されます。

　ⅱ．取引に対する具体的な調査方法

具体的な調査内容は「GAAP差はいくらか？」ということに焦点が当たりますが、出荷基準に対するGAAP差の調査は次のような順序で行うことが効率的です。

　ステップ１：IFRS上の収益認識時点はいつか？
　ステップ２：出荷からIFRS上の収益認識時点までの期間はどの程度か？
　ステップ３：影響額の推定
　ステップ４：方針の確定・対応

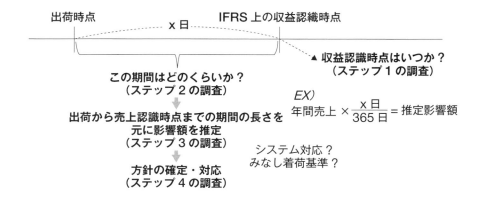

日本基準において出荷基準を採用していることに関するGAAP差の影響額は、IFRS上の収益認識時点までの期間がどの程度であるのかということを把握できれば、おおむねの影響額が算定できます。

 したがって、このステップ2の調査が最も重要なステップといえます。仮にIFRS上の収益認識時点が顧客の検収時点と判断された場合には、次のような調査が一般的です。

閲　　覧	契約書、出荷指示書、納品書、検収書（控）
質　　問	到着までの期間について、一般的な期間を聞く
データ分析	出荷時点情報、（システム上持っていれば）検収情報

 上記を行った上でも検収日は顧客のみが有する情報であり、自社でその分析可能なデータを持たないケースもあります。こういったケースでは、ヒアリングを積みかさねることや、検収書（控）を大量に取り寄せて分析を行うなど、相当に労力を要することになります。このため調査対象取引の売上規模を勘案し、実務的な調査方法を採用する必要があります。

（ウ）返品に関する調査

 返品実績がある場合には、返品に対する負債を認識すべきかどうかを検討する必要があります。日本基準上、返品に対する引当金の計上をしていない場合にはIFRS上と負債認識額に差異があるため、内容を調査する必要があります。

 この判断を行うに当たっては、次のような手順で調査を行うことになります。

　ⅰ．予備調査

 返品規程がある場合に、返品引当金が計上されているか、という質問だけでなく、返品規程はないものの取引慣行として返品実績がある場合も会計処理の対象となるため、返品実績の有無を問い合わせることにより、対象となる取引を網羅することができます。

ⅱ. 取引に対する具体的な調査方法

将来の返品に対する負債額がいくらかという話は、今までの実績がどのように推移しているかという情報と密接に関連しています。したがって、実際の返品実績を分析することが特に調査すべき内容となります。

閲　　覧	契約書、ＨＰ取引約款
質　　問	・顧客へ物品を引き渡してから返品までの期間 ・返品規程の有無および返品実績について
データ分析	返品実績データ

(エ) カスタマー・ロイヤリティ・プログラムに関する調査

自社の営む事業の中にポイント制度が連携していれば、GAAP差が存在する可能性があります。なお、日本基準上、ポイント引当金を計上していた場合でも収益の控除項目とすべきか否かなど、検討が必要になります。

ⅰ. 予備調査

まずは、自社の営業活動の中でポイント制度に携わっているかを確認する必要があります。この時に重要なのは、自社が運営するポイント制度だけでなく、他社が運営するポイント制度に自社が参加しているかを忘れずに確認することです。大手百貨店やデパートへの店舗出店にあたっては、出店元のポイント制度への加入が強制されることもありますので、留意して調査を行う必要があります。

ⅱ. 取引に対する具体的な調査方法

調査は、まずポイント制度への参加の有無を確認することになります。したがって、ポイント制度への参加を問い合わせるとともに運営主体を確認します。ポイント制度のGAAP差を調査する上で重要なのは、どういったデータが手に入るかという、現在の立ち位置を把握することです。

閲　覧	ポイント制度の設計書（自社制度、他社制度とも）
質　問	・ポイント制度の運営主体 ・ポイントの付与条件 ・ポイントとの交換物
データ分析	・ポイントの残高 ・ポイントの利用率（失効率） ・ポイントの交換比率

(2) 棚卸資産について

　棚卸資産はGAAP差の数は多くありませんが、基準自体の内容が曖昧な表現が多く調査が行いづらい項目になります。したがって、「何の調査」をしているのかということを忘れずに進捗管理を行う必要があります。

(ア) 原価の範囲

　棚卸資産の原価にはIFRS上「購入原価、加工費、及び棚卸資産が現在の場所及び状態に至るまでに発生したその他の原価をすべて含めなければならない」とされています。特に配送費や保管費用などは小売業のビジネスにおいては多くのプロセスで発生するコストになります。

　これらを原価の範囲に含めるか否かの調査を行う必要があります。

　ⅰ. 予備調査

　原価の範囲を決めるにあたっては、まずは自社のビジネスプロセスを理解する必要があります。プロセスを理解した上で、どの商流のどのコストが原価になっており、どのコストが販管費になっているかを把握することにより、GAAP差を把握することができます。

【例：現在の処理の把握】

	配送費	保管費用	……
購買元から物流倉庫	原価	原価	
物流倉庫	販管費	原価	
物流倉庫から店舗	販管費	販管費	
店舗から顧客指定場	販管費	販管費	

ⅱ. 取引に対する具体的な調査方法

調査の際に『「購入原価、加工費、及び棚卸資産が現在の場所及び状態に至るまでに発生したその他の原価」で販管費に入っているものはありますか？』という総合的な質問をしたとしても、的確な答えが返ってこない可能性があります。

このため、予備調査に挙げたような表を担当者へ送付し、各象限のコストが原価か販管費かを回答してもらうなど、具体的で、かつ、回答しやすい形で調査を実施していくことが必要です。

閲　覧	論点に上がったコストの請求書、取引基本契約書など
質　問	ビジネスプロセス及び現在の勘定科目の使い方
データ分析	総勘定元帳や支払データなど

(イ) 売価還元法のグルーピング

百貨店やスーパーでは売価還元法が多く採用されています。IFRSでは、売価還元法の適用結果について「原価と近似」することが明確に求められています。そのため、例えば、食品や衣料品、生活雑貨など多くの異なる商品群を取り扱う総合スーパーにおいて、その店舗1つが売価還元法の計算単位となっている場合には、原価の近似性が担保できず、グルーピングの見直しが必要となる可能性があります。

ⅰ.調査方法

どのグルーピング単位が妥当であるかということに対して、IFRSは具体的な回答を用意しているわけではありません。したがって、作業手順は次のように行っていくことになると考えられます。

現在の状況の把握	日本基準におけるグルーピング単位を把握
グルーピング単位の把握	商品種類・フロアー・店舗別など自社の採用しているグルーピング単位の妥当性を定性的に評価する。
利益率の把握	当該グルーピングごとに利益率の幅がどの程度存在するのかを確認する。データとして存在しないのであればサンプルテストなどにより把握する。
データ分析	売価還元法を適用するグルーピング単位としてより望ましい単位があれば、その単位で計算可能か自社の持つ基礎データを分析する。

(3) 固定資産について

多店舗展開している会社においては、店舗資産及びリース資産を所有しているケースが多いと考えられます。同種類の店舗における店舗資産及びファイナンス・リース資産については、減価償却方法を首尾一貫させる必要があります。また、経済的耐用年数の設定方法などの論点が存在します。

(ア) 減価償却の決定（償却方法・耐用年数・残存価額）

減価償却方法は現在日本基準では税法基準に基づく減価償却方法を参考にしている場合が多く見られ、IFRS上のあるべき減価償却と乖離しているかどうかを調査する必要があります。

ⅰ.予備調査

減価償却に関する調査に当たって、日本基準で採用している減価償却費の計算方法を理解し一覧にすることから始めます。各所への調査内容は次の項目になります。

減価償却方法	定額法以外を採用している場合にはその減価償却方法
耐用年数	税法基準を参考にしている場合にはその旨を回答 税法基準以外を用いている場合にはその根拠
残存価額	旧税法基準を参考に残存価額を決め、その未償却部分が存在する場合にはその金額

ⅱ. 取引に対する具体的な調査方法

減価償却に関する調査は、会社の固定資産台帳を基礎にして行われることが多いです。まずはGAAP差があると認めらえる資産をソートし、簡便的に影響額を求めることにより調査を進めていくことが、効率的な調査につながります。

閲　覧	・使用期限などのある特殊資産があれば、契約書 ・重要な資産について購入時の使用意図・使用期限に対する稟議書、会議体議事録
質　問	現在の資産の中で税法基準の耐用年数に比して、十分に長いもしくは短い期間使用している資産の有無
データ分析	・固定資産台帳 ・店舗改装サイクルの実績

(4)従業員給付について

従業員を多く擁する小売業では、負債計上すべき従業員給付に漏れがない、網羅的な視点での整理が必要となります。退職後給付や有給休暇引当金など多くの小売業以外の分野においても問題となりやすい一般的な論点ですが、従業員数が多いからこそ各種制度の洗い直しなどの対応が必要となります。

第3章 小売業におけるIFRSの導入

（ア）従業員制度の対象となる各種制度（長期勤務休暇制度など）

会社の人事制度の一環として、例えば10年や20年勤続した従業員に対して長期間の休暇を与えるといった、いわゆる長期勤務休暇制度が存在するか、存在するのであれば現在の会計処理を調査する必要があります。

ⅰ．予備調査

従業員給付の対象となる各種制度の有無については、会社の給与規程・就業規則等に記載されています。このため、関連規程を改めて確認し、支給条件が長期にわたるものがあるかなどを調査することとなります。この際に日本基準においてIFRSで必要となる対応が既に行われていることも考えられますので、現在の処理も確認する必要があります。

ⅱ．取引に対する具体的な調査方法

調査と対象となる制度が決まれば、GAAP差を測定する必要があります。人事データや支給実績データとしてどのようなものが保存されているのかを確認し、従業員給付を測定する必要があります。

閲　覧	給与規程・就業規則等
質　問	支給実績について 各種制度の運用状況
データ分析	対象者管理データ 支給実績データ

（イ）有給休暇引当金（未払有給債務）

日本の会社において有給休暇制度は法的に必要なものであり、どのような会社も各従業員が有給休暇を取得することができます。この有給休暇に対して、日本基準上は特別な定めがないことから負債を認識していないことが一般的であり、GAAP差が存在します。

また、日本の実務慣行として有給休暇の消化率が100%に達しないことが多く、測定に際して消化率の調査を行うことも必要となります。

　ⅰ. 予備調査
　有給休暇制度を分析する上では、付与日・付与日数・付与条件・消滅条件に関する情報を入手する必要がありますが、これらは通常、給与規程・就業規則等に記載されています。

　ⅱ. 取引に対する具体的な調査方法
　有給休暇引当金を測定する上で最も難しい点が、有給休暇に関するデータが適切に得られない場合があるということです。適切な負債を計算する上で有給休暇の測定日時点の残高が特に重要な情報となりますので、システムからの出力方法も含めてシステム担当者を巻き込みながら進めていくことが必要になる場合もあります。

閲　　覧	給与規程
質　　問	・有給休暇制度の運用について ・支給実績 ・システムからの有給休暇の出力情報
データ分析	・有給休暇残高データ ・有給休暇使用・付与データ

2. アカウンティングポリシー

【「第4節　対応策の検討・立案」の構成】

1. GAAP 差に対する具体的な調査方法
2. アカウンティングポリシー　　←本項の内容
3. IFRS で求められる書類の整備
4. 開示スケルトンの作成・開示情報の収集方法の決定
5. 内部統制上への影響～業務プロセスの変更～
6. システムでの対応事項の決定・変更
7. 初度適用
8. トライアルの実施

　アカウンティングポリシーとは、自社のIFRS上の会計方針のことをいいます。IFRSを適用するための仕組みとして、このアカウンティングポリシーをまとめ、連結グループ全体として適用することが求められます。これはIFRSが原則主義であり、基準に細かいルールが定められていないので、企業としてのポリシーを明確にして全社的に統一的な会計処理が行えるようにアカウンティングポリシーを決定・文書化することが必要となるためです。

読んでも具体的な適用方法がわからない……

IFRS の基準書　　　　　➡　　アカウンティングポリシー

[1] アカウンティングポリシーを決める

アカウンティングポリシーを決めるに当たっては、次の2つの項目を検討する必要があります。

- 前節の「1．GAAP差に対する具体的な調査方法」において行ったような大規模なGAAP差調査に対する結論を決める。
- 個別に対応計画を策定するほどではなかったものの基準を自社に合わせた解釈が必要なものを決める。

これは、意思決定を伴うものですので、通常、以下のようなプロセスを経ることが実務的です。

全社的な目標	IFRS導入の効果を最大限利用	制度対応のみのミニマムマスト
手　法	会社の状況に最適な方法を選択	会計処理、プロセスにおいて最低限の指針のみ
メリット	●グループ全体で最適な適用指針が作成されることによりグループとして決算情報の精度があがる。 ●グループ子会社が参照すべき詳細な会計方針書を持つことによりグループで共通した会計処理の適用が可能となる。	●導入に伴う手間が大幅に削減される。
デメリット	●IFRSは非常に判断事項が多いため、会計方針の策定に時間を含む多大なコストがかかる。	●グループ全体で共通の会計方針を持たないため、同じ事象に対して異なる会計処理が行われる可能性がある。 ●取引の都度子会社からの問い合わせ事項が生じる可能性が高まる。

① 基本方針の策定

アカウンティングポリシーの決定に際して、基本方針を持つことが必要となります。これは「**第3節　導入計画の策定　3．基本方針の策定**」でも触れた全社的な目標と矛盾しない形で設定する必要があります。

また、例えば
- 日本基準をはじめとする現行会計処理を可能な限り維持する
- 先行してIFRSを適用している欧州などの業界の動向に合わせる

など、検討範囲や作業分量以外の基本方針についても決めておく必要があります。

② 実際の決定

(a) 課題の詳細調査のとりまとめ

「**第3節　導入計画の策定　7．個別計画の策定**」で策定された計画を実行します。アカウンティングポリシーを決定するうえで、特に重要になるのは、この実行した個別計画のステータス管理です。

調査自体は進んでいるため、関与者は安心しているものの、アカウンティングポリシーとしては、どのような状態になったら完了であるかが合意できていない、ということが起こりがちです。

このため、アカウンティングポリシーとして決めなければいけない項目のリストと、どのような状態になったら完了なのかということは、決めておく必要があります。

【個別計画のリストとステータス管理】

……	GAAP差修正	会計方針書への転記	ステータス
……	○	未	未了
……	○	○	完了
……	−	○	完了

(b) 決定事項の網羅性

どの項目を潰しこめば企業としてアカウンティングポリシーの決定が網羅的に行われたことになるのかということは、プロジェクトが進んでいくにつれて見えづらくなってきます。

したがって、出発点がどこであったかということを意識した対応が必要です。

一般的にはIFRS基準書や影響度調査の結果を出発点として検討を開始することが多いですが、各々に次のようなメリットとデメリットがあります。

	メリット	デメリット
IFRSの基準書	・基準に沿って進めていくため網羅的である。	・非常に分量が多くなる傾向にある ・基準の読解が困難であり、自社と関連性が低い論点でコストがかかることがある
影響度調査の結果	・影響度がすでに出ているため、重要論点にコストをかける対応ができる。※1	・基準の改訂などがあった際に網羅性が担保できない。

※1 影響度調査の結果は、「影響がない≠アカウンティングポリシーを決める必要がない」ということに留意が必要です。影響がないとしても、少なくとも「日本基準を継続する」というアカウンティングポリシーを決定する必要があります。
プロジェクト初期ではあまり論点になりませんが、導入後に買収を行い新規の連結子会社が現れた時などに思わぬ弊害を伴うこともあります。

（ｃ）決定の承認

「(ａ) 課題の詳細調査のとりまとめ」の箇所でも述べましたが、ステータス管理は重要です。したがって、アカウンティングポリシーについて同意する場を設定する必要があります。

この場としては、ステアリング・コミッティやPMOが主導で定例的な場を設けることがプロジェクトを管理する上では有用だと考えられます。

[２]アカウンティングポリシーの文書化

アカウンティングポリシーが決定されたら、それを文書化しまとめます。文書化を開始する前には、整備方針を決定する必要があります。アカウンティングポリシーは、IFRS改訂の都度（毎年）更新する必要があるため、更新作業を予め念頭において整備方針を検討することが効率的です。例えば、条文の引用箇所を明示しておくと、更新が効率的になります。

以下、文書化の流れと留意点を詳述します。

① 文書化にあたっての基本方針の策定

文書化にあたっては決められた様式がないため、その用途や使用者及びメリット・デメリットを考慮し、設例などを含む詳細なものとするか又はIFRS原文を集約した簡潔なものとするか、レベル感を統一しておく必要がありま

す。より詳細、より網羅的なポリシーは頓挫しやすいというリスクもあるため、作成作業に充てられる人員や時間も勘案し、会社の目的に合った基本方針を策定する必要があります。

② **配布可能なグループアカウンティングポリシーの作成**

　決定されたアカウンティングポリシーについて、連結グループに展開するためのグループアカウンティングポリシーにまとめます。グループアカウンティングポリシーは作成方法によってはボリュームが多く、数百ページに及ぶこともあるので、事前に作成方法に関するルールを明確にして作成者に周知し、作成の手戻りやレビューの工数を抑えることが重要です。

③ **グループ会社への確認**

　グループ会社にアカウンティングポリシーのドラフトを送付して適用上の問題の有無を確認します。

④ **体制と工数**

　体制と工数については、会社の規模、アカウンティングポリシーのレベル感に応じて大きく変動します。プロジェクト・チームを編成し、必要に応じて監査法人など外部のアドバイザーを利用しながら進めていくこととなります。

⑤ **総論**

　アカウンティングポリシーを丁寧に作成することは必要ですが、自社のレベル感に合わせたものを作るという視点が最も重要になります。

　プロジェクトが頓挫しやすい事例は次のような場合です。
- 丁寧であるが故に細かすぎて使いづらい
- 基準の言葉で書いてあるため、知識がないメンバーが読んでも理解できない

　各子会社が参照するであろう箇所にしっかりと言及されているという状態、すなわち、各社にとって「痒いところにも手が届く状態」があるべき姿だということを意識した上で対応することが大切です。

3. IFRS で求められる書類の整備

【「第4節　対応策の検討・立案」の構成】

1. GAAP 差に対する具体的な調査方法
▼
2. アカウンティングポリシー
▼
3. IFRS で求められる書類の整備　　←本項の内容
▼
4. 開示スケルトンの作成・開示情報の収集方法の決定
▼
5. 内部統制上への影響～業務プロセスの変更～
▼
6. システムでの対応事項の決定・変更
▼
7. 初度適用
▼
8. トライアルの実施

　アカウティングポリシーは、適用する会計基準が変わる以上は新しいものを作らなければいけないということは想像しやすいかと思います。一方で、IFRSの導入に伴ってアカウティングポリシー以外の書類も整備する必要があります。

[1]各種整備書類

　IFRS導入に当たっては各種書類を整備する必要があり、それには一般的に下記のような書類が該当します。

(a) 経理規定

　上述のアカウンティングポリシーが改定されるため、経理規定についても改定の必要があります。

(b) 勘定科目マニュアル

　IFRS組替仕訳を計上するに当たって、新たな勘定科目の設定が必要となる

こともあるため、必要に応じて勘定科目マニュアルを更新します。

(c) 連結パッケージ

IFRS組替仕訳の作成及びIFRS財務諸表で新たに求められる注記作成のために、必要な情報を収集する子会社連結パッケージの追加作成が必要となります。

(d) 取引の契約形態

IFRSを導入するにあたり、導入影響を小さくするため取引の契約形態を見直す場合があります。これに伴い、契約書などの文書を改訂する必要があります。

(e) IFRS上の会計処理適用のために要求される文書

IFRSのみで要求される文書、たとえばヘッジ会計の適用にあたり日本基準において一定の条件の下で有効性を判定するなどの文書省略が認められますが、IFRSでは省略することができません。

また、経理規定などさまざまな書類が改定されるため、必要に応じて内部統制も改訂し、新たに整備・改訂した各種書類の内部統制上の位置づけを明確にしておく必要があります。このように、IFRS導入にあたり、会社により量に差はありますが、複数の文書を整備・見直しすることになります。

4. 開示スケルトンの作成・開示情報の収集方法の決定

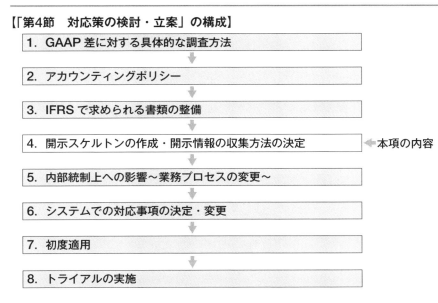

【「第4節　対応策の検討・立案」の構成】
1. GAAP差に対する具体的な調査方法
2. アカウンティングポリシー
3. IFRSで求められる書類の整備
4. 開示スケルトンの作成・開示情報の収集方法の決定　←本項の内容
5. 内部統制上への影響〜業務プロセスの変更〜
6. システムでの対応事項の決定・変更
7. 初度適用
8. トライアルの実施

　IFRSの導入というと、貸借対照表や損益計算書の数値がどのように変わるかということに着目しがちですが、注記事項も大きく変わります。このため、日本基準ではない開示要求などに対応するために、開示項目についてGAAP差調整を行う必要があります。次に、この開示に関する対応方針についてみていきます。

[1] 開示に対する早期対応の必要性

　各勘定科目のGAAP差と同様に、開示のGAAP差への対応も必要です。影響度調査は、日本基準とIFRSの間のGAAP差を調整する仕訳が必要な項目に対して行われることが多いため、開示におけるGAAP差の検討は別途行う必要があります。

　IFRSの開示は以下のような特徴があり、GAAP差への対応に多くの時間を要することが予想されます。早期に対応を検討することが重要です。

IFRSの開示は従前、参考にできる事例が少なく、早期から検討しておくことが必要でしたが、日本におけるIFRS任意適用企業が増加している昨今では、これらの他社事例をうまく使えるかどうかが効率的な導入実務につながります。

① **開示項目数が多い**

　一般的に、IFRSの開示は日本基準に比べて項目数が多いといわれています。

　表4-1はIFRS導入企業の有価証券報告書「経理の状況」のページ数を比較したものです。ページ構成の相違もあるため単純比較することはできませんが、いずれの企業もページ数が大幅に増加しています。

　このように多数の開示項目に対して、GAAP差の把握、開示方針の意思決定、情報収集方法の確立を行わなければならないため、多くの時間が必要となります。

第3章 小売業におけるIFRSの導入

【有価証券報告書「連結財務諸表」のページ数増加事例】

企　業	IFRS導入直前年度	IFRS導入初年度
A社	63ページ	94（10）ページ
B社	37ページ	71（9）ページ
C社	66ページ	106（18）ページ
D社	33ページ	78（18）ページ

＊括弧内は初度適用注記のページ数を記載しています。
＊日本基準からIFRSへ移行した会社を例に記載しています。

日本基準

IFRS

② **具体的な数値基準が設けられていない**

IFRSでは開示のための具体的な数値基準が設けられていません。また、多くの定性情報の開示も求められます。どこまで、どのように開示するのかは各社の判断に委ねられており、意思決定に多くの時間が必要となります。

日本基準

1% 以上	開示！
5% 以上	開示！
10% 以上	開示！

IFRS
重要でないなら開示は不要！

[2]スケルトン財務諸表の作成
① スケルトン財務諸表作成の目的とメリット

開示の検討を進めるうえで有用なのが、スケルトン財務諸表の作成です。

スケルトン財務諸表とは、IFRSに準拠した注記項目を含んだ自社独自のモデル財務諸表のことです。IFRS導入前に、金融庁開示例や他社事例を踏まえて作成し、開示財務諸表の具体的なイメージを把握します。

スケルトン財務諸表を作成する目的とメリットは次の通りです。

【スケルトン財務諸表の目的とメリット】

目　的	●IFRS開示全体の最終形を可視化し、開示用データに関する検討に役立てる。 ●本番年度IFRS財務諸表作成のたたき台とする。
メリット	●開示様式をイメージでき、日本基準との比較をしやすい。 ●追加対応が必要な開示が一目瞭然となり、連結パッケージひな形の作成などの作業が効率的に行える。

② スケルトン財務諸表作成の手順

具体的な開示スケルトンを作成する手順を記載しますが、スケルトンを作成する際に拠り所となるのは、他社事例は監査法人・金融庁などが発行するひな形など、IFRSを適用して完成した財務諸表です。これらの事例やひな形を有効活用することが、作業の効率化につながります。このことを前提に具体的な作成手順について説明していきます。

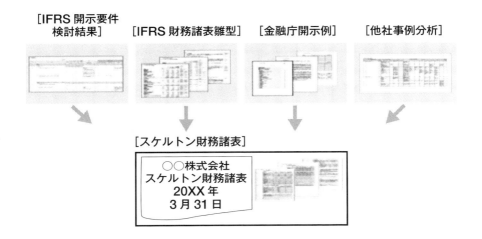

(ステップ1) 開示要件の検討

まず、開示におけるGAAP差を把握し、対応方法を検討することを目的とします。

このとき有用となるのが、IFRS財務諸表が開示要件を満たしているかを判定するための開示チェックリストです。例えば、新日本有限責任監査法人が提供する開示チェックリストは、IFRSの開示要件を記載した一覧表で、下の表のような項目が記載されます。開示チェックリストの各項目を記載することで、現行開示等との比較を行い、開示作成に関する課題を洗い出していきます。

【開示チェックリスト記載項目例】

項　目	記載内容
IFRS基準	IFRSで求められる開示の内容
開示の種類	定性情報／定量情報
他社事例	他社での開示事例（関連開示書類のページ数などを記載）
従前の記載内容	日本基準で既に開示している項目 （関連開示書類のページ数などを記載）
開示内容・様式の幅／選択肢	選択し得る開示の方法
既存データの状況	既存データの有無
課　題	開示方法の選択、追加情報の特定、追加情報の収集方法など

【開示チェックリストのイメージ】

（ステップ2－1）スケルトン財務諸表作成（作成方針の明確化）

　開示要件の検討後、スケルトン財務諸表を作成することで開示チェックリストの内容を具体的なイメージに落とし込んでいきます。この際、金融庁開示例や他社事例を踏まえて作成していくことになります。

第3章
小売業におけるIFRSの導入

スケルトン財務諸表の作成は、多数の担当者で分担して行われることが想定されるため、担当者によってばらつき等が生じないように、作成方針を文書化、共有する必要があります。

方針検討項目	検討事項
目　次	●スケルトン財務諸表の目次と作成範囲
作成の基礎	●スケルトン財務諸表の作成基礎 ●何を基礎にするか 　（金融庁開示例や他社スケルトン財務諸表等）
他社事例	●参考とする他社開示例や（必要に応じて）参照の優先順位 ●欧州の同業他社や国内先行事例から選択
定量情報	●データがとれるものは数値を入力するかいつ時点のデータを用いるか
定性情報	●定性情報をどこまで作り込むか ●情報不足等で作成できない開示をスケルトン財務諸表にどのように織り込むか
選択開示・任意開示項目の取り扱い	●開示の選択肢がある項目や任意の開示項目について、スケルトン財務諸表でどのように取り扱うか

(ステップ2－2) スケルトン財務諸表の作成（定量情報の作成）

固定資産の増減明細のような定量情報については、有価証券報告書などをもとに、日本基準の数値を入力し、データ取得の可否を把握します。

具体的な開示様式に落とし込むことで、開示チェックリストで見落としていた課題も確認することができます。

245

（ステップ2-3）スケルトン財務諸表の作成（定性情報の作成）

重要な会計方針の開示などの定性情報は、新たに作成を要する項目が多く、負荷が大きい開示項目です。

定性情報については、決定した開示方針に基づき、他社事例等を参考に文案を作成します。開示方針が決まっていない、あるいは情報が不足するなどの理由で文案が作成できない場合、スケルトン財務諸表に開示要件や他社開示例等を記載しておき、後の更新作業に備えます。

定性情報は、例えば以下のようなアプローチで検討します。

（ステップ2-4）会計監査人との協議

開示の検討では、さまざまな項目に対して意思決定が必要となります。早期に会計監査人と協議し、開示方針について事前に認識を合わせておくことが重要です。

（ステップ3）連結パッケージの見直し

IFRS開示は既存のデータだけでは作成できない場合があります。例えば、支出に関するコミットメントの注記や金融商品の公正価値分類別の内訳などは、日本基準では開示しない項目であるため、新たな情報収集が必要となる可能性があります。

このような情報をスケルトン財務諸表で把握したら、情報収集のための連結パッケージ見直しを行います。基本的には、現行の連結パッケージを基に、IFRS要件を加味して、IFRS用連結パッケージを作成します。

IFRS用連結パッケージを作成する方法として、勘定科目で情報入手する方法とデータ収集フォームで情報入手する方法があります。必要な情報の内容に応じて、両者を使い分けることになります。いずれの場合も子会社に対する事前の説明を行い、連結パッケージに入力すべき情報の周知徹底を図ることが重要です。

5. 内部統制上への影響〜業務プロセスの変更〜

【「第4節　対応策の検討・立案」の構成】

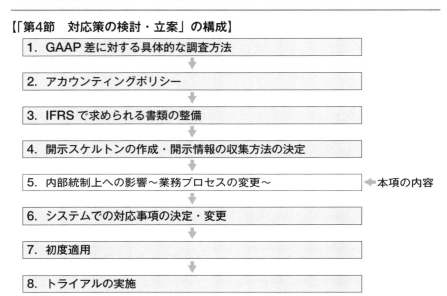

　IFRSの開示数値を作成するために業務プロセスを変更する場合には、それに合わせて企業の内部統制の設計も再考する必要があります。数値的な面に意識が行きがちですが、業務プロセスを変更することによる影響についてみていきます。

[1] 業務プロセスの見直しに伴う内部統制の構築

　業務変更の作業はさまざまな部門に影響を及ぼすため、各部門の担当者の協力を得ながら進めることになります。主に次の視点で業務内容を明確化します。

　IFRSで業務プロセスが大幅に変更になることは稀ですので、ポイントを押さえた対応が望まれます。

① 業務体制

　業務体制において、担当者の役割分担を明確にしておき、業務をどの程度集中させるかを検討します。一般的には、業務を集中させるほうが効率的だと考えられますが、集中の仕方によっては業務負担に偏りが生じ、かえって非効率となる場合もあります。

　IFRSの場合、新規に業務が組み込まれた場合には、実施者と承認者が必要となります。IFRSの知識を要する業務の追加・変更かそうでないかを見極めて、適切な業務体制を敷いて対応する必要があります。

② 業務の設計

　変更する業務のルールや手順を決定します。また、承認権者や承認のタイミングも決めておく必要があります。業務の設計は、内部統制部門の担当者や、コンサルタントなど業務と統制について評価できる知識を持った人材の意見を取り入れて進めると効率的です。例えば、固定資産管理プロセスでは、日本基準では減価償却方法を変えることは稀でしたが、IFRSでは、最低でも1年に1回は減価償却の見直しが必要になります。そのため、各固定資産の管理担当部門が少なくとも年に1度固定資産の使用状況を確認し、承認を受けるという業務を設計することが考えられます。

③ 情報のリレーション

　新しい業務に必要な情報について、項目、入手方法、入手のタイミングを検討します。情報はできるだけ入手しやすいことが望ましく、すでにあるデータを流用する場合が多くなると考えられます。このような場合は、もともとあるデータの入手タイミング・方法によって業務情報が決定されることになります。

　固定資産の減価償却のうち耐用年数に係る見直しであれば、現使用資産の使用年数、除却資産の除却までの使用年数、将来的な使用予測年数などさまざまな情報の中から自社が検討するために使用する情報を決定し、継続的に入手し

ていく必要があります。

④ 業務の頻度

　日次、週次など、適切な業務のサイクルを決定します。業務サイクルでは、変更となった元の業務を踏襲する場合が多いと考えられます。一方、業務の頻度の決定は、業務に必要とされる情報が入手できるタイミングによって、制約されます。そのため、情報のタイミングとの整合性を図らなくてはなりません。

⑤ 人材スキル

　業務担当者に必要なスキルを明確にしておきます。ここで必要とされるスキルが担当者に不足しているのであれば、教育を行うなどして補完する必要があります。

[2] JSOX対応

　内部統制部門では、IFRS導入によって新しく追加・変更された業務を確実なものとして維持していくために、通常業務として運用テストを行います。運用テストは、内部統制の運用状況を評価するためにテストをしています。ほとんどの会社では、内部統制報告制度の導入初年度にあたって、運用テストなどの運用状況の評価を事前のプレテストで行いました。今回のIFRS導入でも、新たに追加、変更された業務に対してJSOX導入時のようなプレテストが必要となるかを把握しておく必要があります。その判断は、内部統制における、その業務の重要性によって異なります。例えば、一般的な小売業であれば、売上、棚卸資産が重要な勘定科目とされています。これらの勘定科目に関係する業務については、内部統制上の対応でも十分な準備が必要です。そのため、モニタリング活動の情報を参考にして、プレテストやそのあとの本番テストの計画を検討すべきです。

6. システムでの対応事項の決定・変更

【「第4節　対応策の検討・立案」の構成】

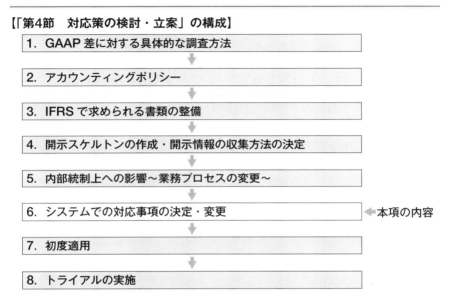

業務プロセスの見直しを決定したら、影響を受けるシステムについての対応方法を決定します。具体的には、IFRS導入に際し会計システム、業務システムにどのような要件が求められるのかを把握し具体化します。また、従来のシステムにIFRS対応機能を追加するのかどうか、IFRS対応パッケージを導入するのかどうかを決定します。

対応方法決定後は、システム整備の詳細計画を作成し、基本設計、詳細設計、開発、テスト、とシステムの整備作業を進めていくことになります。

システムに影響を与える主要な項目として、以下のものが考えられます。

システム	IFRS適用の主な影響（例）	対応方法（例）
財務会計システム	●システム内での二重帳簿の保持	●IFRS会計帳簿DBの追加 ●IFRSベースの管理帳票
連結会計システム	●連結レポーティングパッケージ／データ収集方式の変更 ●連結処理や企業結合に関する変更	●連結レポーティングパッケージ ●IFRS対応パッケージの導入 ●IFRS対応機能の追加
棚卸資産システム	●システム内での二重帳簿の保持	●IFRSベースの管理帳票
販売管理システム	●各種売上計上方法の変更に係るシステム上の処理ロジックの変更	●IFRS対応機能の追加
固定資産管理システム リースシステム	●システム内での二重帳簿の保持	●IFRS対応パッケージの導入 ●IFRS対応機能の追加
人事システム	●有給休暇引当金計上のための基礎情報の抽出	●IFRS対応機能の追加

　特に連結会計システムについては、IFRS基準財務諸表への組替を親会社が一括するか、各社レベルでIFRS基準財務諸表を親会社に提出するかによって、システムへの影響度合が大きく異なるため、対応方法の検討を早めに始める必要があります。

7. 初度適用

【「第4節　対応策の検討・立案」の構成】

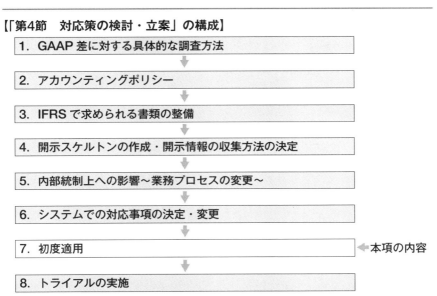

IFRSの導入というのは、やはり特殊なことであり、非常に時間と費用がかかることです。このため、IFRSの導入に当たって初回限りの例外規定を定めたIFRS第1号「国際財務報告基準の初度適用」という基準があります。この初回限りの検討事項についても対応策を検討する必要があります。

[1] 初度適用とは

最初のIFRS財務諸表を作成する際に、どのように会計処理するべきかを定めた基準のことを指します。IFRS第1号「国際財務報告基準の初度適用」に定められています。

「最初のIFRS財務諸表」とは、IFRSに準拠して作成される最初の年次財務諸表のことをいいます。また、「IFRS財務諸表」とは、IFRSへの準拠に関する明示的かつ無限定の記述を含む財務諸表のことをいいます。例えば、一部の

IFRS基準にのみ準拠している旨の記述では、IFRSへの準拠に関する無限定の記述とはみなされません。

[2] IFRS 第1号の内容
① 作成が求められる開示書類

初度適用における開示書類は、前々期末のBS、前期の財務諸表及び当期の財務諸表になります。

具体的には、以下の財務諸表が必要となります。
（ⅰ）IFRS開始財政状態計算書
（ⅱ）前期の財政状態計算書・包括利益計算書・持分変動計算書・キャッシュ・フロー計算書・関連する注記
（ⅲ）当期の財政状態計算書・包括利益計算書・持分変動計算書・キャッシュ・フロー計算書・関連する注記

IFRS開始財政状態計算書とは、IFRS移行日の財政状態計算書を指します。また、IFRS移行日とは、IFRSに基づく完全な比較情報を表示する最初の期間の期首（年度決算の場合、前々期首）のことをいいます。

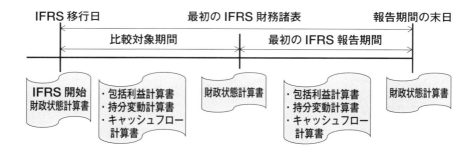

[3] 遡及適用の免除規定

IFRS第1号は原則として遡及適用を求めておりますが、一定の項目については免除規定を設けています。どの免除規定を使用するか及び優先順位は、企業が自由に選択することができます。

このため、初度適用に当たっては、最新のIFRSの基準書を確認したうえで、免除規定の有無を確認し進めていくこととなります。

> 初度適用に関する実務上のまとめ
> （ⅰ）報告日時点に適用される最新のIFRSを確認する。
> （ⅱ）遡及適用に関してどの免除規定を使用するのかを決める。

[4]免除規定を賢く活用する

遡及適用方針を決定するに当たっては、あえて免除規定を使わないという選択肢もあります。

極端な例ではありますが、例えば、「すべての在外営業活動体に係る換算差額累計額を、IFRS移行日現在でゼロとみなす」（IFRS第1号D13）、すなわち「為替換算調整勘定をすべて利益剰余金に振り替えてゼロにリセットする」という免除規定を使用した場合、免除規定を適用した海外子会社を処分した際に実現損益に振り替えられる金額が減少する可能性があります。

どの免除規定を使用するか決定するに際しては、同業他社事例を検討することも有用です。

> 遡及適用免除規定のまとめ
> ① 費用対効果の観点から遡及適用を行う範囲を決定する。
> ② 免除規定を使用する際には将来への影響に留意する。
> ③ 初度適用方針の決定に当たっては他社事例も検討する。

8. トライアルの実施

【「第4節　対応策の検討・立案」の構成】

1. GAAP差に対する具体的な調査方法
2. アカウンティングポリシー
3. IFRSで求められる書類の整備
4. 開示スケルトンの作成・開示情報の収集方法の決定
5. 内部統制上への影響～業務プロセスの変更～
6. システムでの対応事項の決定・変更
7. 初度適用
8. トライアルの実施　←本項の内容

　前節までで、IFRS導入のための具体的に決定すべき事項及びその対応策の立案が行われました。ただし、これらの立案した計画を実施したとしても、適時にIFRS財務諸表作成のための情報収集を行うことができるかは、いざやってみないとわからないというものも多くあります。

　したがって、以下のタイミングで決算トライアルを行うことにより、本番の開示におけるリスクを把握し適時開示を行うことができます。

　特に適時開示のタイミングを早期に行うことがIFRS導入後も要請されると予想される企業は、トライアルの実施もスケジュールへ反映し、適切に実施することがリスクを低減することにつながります。

第3章
小売業におけるIFRSの導入

対象書類	メリット	デメリット
比較年度財務諸表	IFRS財務諸表作成のための情報収集は必ず必要であり、適時開示のための適切な決算スケジュールが組めるかを、本番と同様の条件下で経験できる。	トライアルとしては最後のタイミングであり、仮にこの時点で大きな問題点が見つかった場合には、導入期までに解消しきれない可能性がある。
移行日財務諸表	IFRS財務諸表のうち財政状態計算書（BS）の情報収集は必ず必要であり、適時開示のための適切な決算スケジュールが組めるかを一部の項目について本番と同様の条件下で経験できる。	移行日における包括利益に関する情報はIFRSで開示を行ううえでは要求されない情報であるため、プロジェクト・コストが純粋に増加する要因となる。
四半期	複数回の実施機会がある。	IFRSも四半期における開示要求は年度に比して相当程度の省略が可能である。このため、年度のトライアルを四半期で行う場合には要求されない情報を収集するため、プロジェクト・コストが純粋に増加する要因となる。

257

片上「長沼マネージャー、昨年買収した子会社の××社の経理から、ライセンス料は原価に含めてよいのかどうか質問を受けたのですが、どうしましょう。」

長沼「××社って、ドット柄の服を作ってるところだっけ？　あれライセンス契約なのか。××社は今、原価に含めているのか？」

片上「そのようですね。」

長沼「うちはライセンス契約結んだことないからなあ…。現行のままでよさそうだけど、先行事例を見てみると、ロイヤリティとして販管費に含めているところもあるようだな。その契約条件はどうなってるんだ？」

片上「申し訳ありません、確認します。」

馬野「私も最近よく他の子会社からも質問を受けます。長沼マネージャー、導入前に子会社との勉強会をやりませんか？」

長沼「そうだな。せっかく作成したアカウンティングポリシーを誤って理解されても困るしな。それにこっちも子会社の実務をちゃんと把握しきれてない部分もあるし。じゃあ馬野、申し訳ないが勉強会のスケジュールを組んでくれないか。」

馬野「かしこまりました。」

長沼「ところで馬場の業務プロセスの見直しの進捗はどうだ？」

馬場「はい、IFRS導入で原価算定方式を見直した棚卸資産に係るプロセスは、有効に運用されていると評価することができました。今は新規に加えた有給休暇引当金に係るプロセスの運用状況の有効性を評価しているところです。」

長沼「ありがとう。引き続き対応、宜しく。」

長沼（あと半年か…。）

第5節　導入

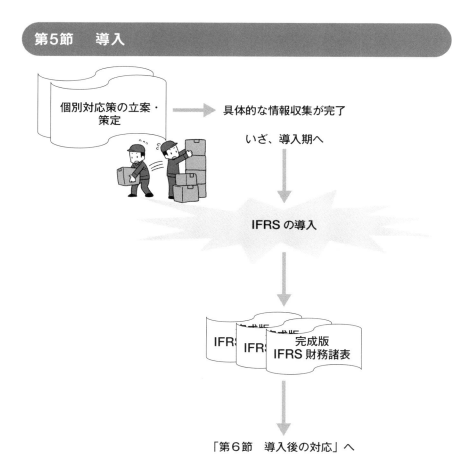

　IFRS導入期においては、今まで実施してきた事項が形になって完成していきます。この完成間際に過去の判断などについて懐疑的になりがちですが、基本方針や実施計画が妥当に策定されていれば、大きな手戻りは生じない段階であるという自信を持って進めていくことが必要です。では、実際の導入期の対応事項についてみていきます。

1. アカウンティングポリシーの完成・配布

【「第5節　導入」の構成】

1. アカウンティングポリシーの完成・配布	←本項の内容
↓	
2. IFRS調整仕訳の作成	
↓	
3. プロセス及びシステムの評価	
↓	
4. 開示する書類の紹介	

　アカウティングポリシーの策定方法については**第4節**で説明しましたが、導入期にはこれを配賦し、周知することが必要となります。

[1]アカウンティングポリシーの配布

　完成したアカウンティングポリシーは連結グループへ配布・展開されます。アカウンティングポリシーがグループ会社でも正しく適用されるためには、アカウンティングポリシーの浸透のための説明会・勉強会などの実施が必要となります。

　アカウンティングポリシーを配布しただけでは、複雑な論点や取引、新規に発生した取引について、アカウンティングポリシーに沿った会計処理がなされない場合もあるからです。認識に誤りが生じやすい項目については、追加でガイダンスや設例を配布するなど自社グループで使いやすい形にカスタマイズしていくことが必要です。

[2]アカウンティングポリシーの改修や質問事項への対応

　上述したような、アカウンティングポリシー配布後の対応について、以下で詳述していきます。

　アカウンティングポリシーで全ての会計論点を網羅できるのが理想ではありますが、重要性の低い小規模な取引や、アカウンティングポリシー作成時点では無かった新規の取引が発生した場合など、実際には難しいのが現実です。そ

のため、各国のグループ会社から会計処理の適用にあたっての質問が上がってくる可能性があります。

また、IFRSは年次改善として毎年IASBにより見直しが行われております。そのため年次改善により改訂が決定した基準に対して、会社のアカウンティングポリシーも改修する必要があります。

グループ会社から質問が上がってきた場合やIFRSが改訂された場合に優先的に対応にあたる担当者やチームは、アカウンティングポリシー配布後も必要となってきます。非常に大規模な会社や論点の多い会社では、専属で対応する人員を配置する必要もあるかもしれません。

このようにアカウンティングポリシーはIFRS導入後も毎年継続して対応が必要となる文書であります。

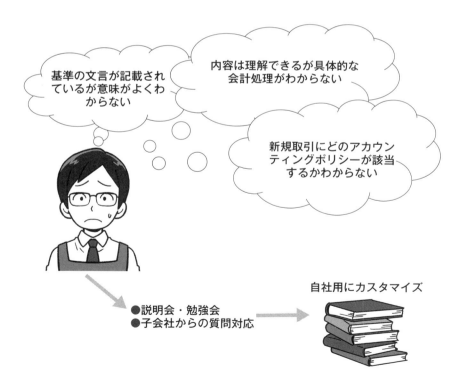

2. IFRS調整仕訳の作成

【「第5節 導入」の構成】

1. アカウンティングポリシーの完成・配布
2. IFRS調整仕訳の作成　　　　　　　　　　　←本項の内容
3. プロセス及びシステムの評価
4. 開示する書類の紹介

[1]集計・評価

① 計上主体

　修正仕訳は、IFRS財務諸表の作成方法によって異なります。トップサイド・アジャストメント・アプローチでは、親会社の連結修正仕訳の中で組替仕訳を計上しますが、ボトムアップ・アプローチでは子会社で組替仕訳を計上した後の財務諸表を連結に取り込むこととなります。

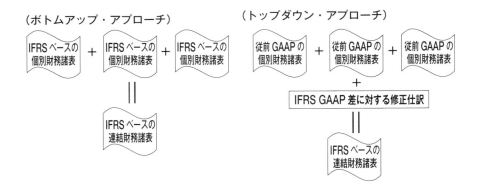

　親会社がIFRSへの組替調整を行う場合を例にとると、
●子会社にIFRS調整仕訳の金額を計算させて親会社は子会社から計算結果を

入手するのか
- 調整金額は親会社が計算することとして子会社からはその計算に必要な情報を入手するのか

といった違いにより、どのような情報を収集するのかも異なってきます。

② **計上主体**によるメリット・デメリット

収集した情報が正確かについても検討が必要です。その企業の事業環境、財務数値との整合性、前期の調整金額との比較、計算過程の正確性の検証等を通じてチェックが行われます。

親会社でIFRSへの組替調整を行う方法は、親会社にはIFRSに関する知識を持つ人材が豊富であるというメリットがある反面、子会社の実態を把握し切れていない場合には仕訳の正確性や網羅性が担保できないというデメリットが存在します。このデメリットに対し、子会社とのコミュニケーションをとり、子会社に対する理解を深めることが重要です。

一方、子会社がIFRSへの組替調整を行う方法は、子会社内の実態の把握を十分にしやすい反面、IFRSに対する理解が不足しやすいという面があります。これに対し、子会社の担当者に対する教育を行うとともに、子会社任せにせず、子会社で入れたIFRSへの組替調整をチェックする体制を構築していくことが重要となります。

　こうした、収集した情報の正確性や子会社の作業結果のチェックといったものは、IFRS組替調整仕訳に限らず、他の連結決算作業においても課題となるものです。しかし、IFRS組替調整仕訳については、従来のフローと異なる形で情報収集が行われるケースも多いため、しっかりとしたチェック体制を構築することがより重要となります。

[2] 従来の会計基準とIFRSの調整表

　IFRS適用初年度においては、IFRSへの組替調整が行われるばかりでなく、その内容と金額の開示もなされます。IFRS初度適用の規定において、従前の会計基準からIFRSへの移行が、財政状態、財務業績及びキャッシュ・フローにどのように影響したかを説明することが求められているためです。この規定は財務諸表利用者が従前の財務諸表と比較できるように設けられています。

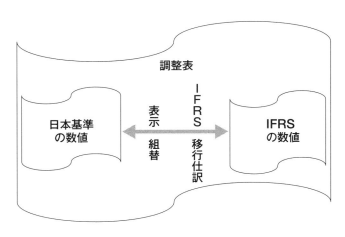

[3] 調整表に関する他社事例の紹介

すでにIFRSを導入している企業の事例では、いずれも表と文章による説明を組み合わせて開示しています。表の形式や文章でどこまで記載するかは、各社違いがあります。表については、この例のように、表の一番左の欄に従来の基準による表示科目と金額を記載し、一番右の欄にIFRSによる表示科目と金額を記載し、その間にIFRS移行の影響額を表示上の組替とそれ以外に分けて記載するという方法が最も一般的な方法です。

その他には、IFRS移行の影響額について、表示上の組替とそれ以外に分けずに記載する方法や、連結範囲の変更の影響額を別途欄を設けて記載したり、またはIFRS移行のために行った子会社や関連会社の決算日変更の影響額を別途欄を設けて記載する方法も見受けられました。

調整表の目的は、財務諸表利用者が従来基準とIFRSの財務諸表とを比較できるようにすることですので、どういった内容のGAAP調整があり、それらが財務諸表の各項目にどのような影響を及ぼしているかを数値的に、わかりやすく把握できるようにすることが重要です。

【具体的な調整表のイメージ】

日本基準		表示組替	IFRSへの移行の影響	IFRS	
	(百万円)	(百万円)	(百万円)	(百万円)	
資産の部					資産
流動資産					流動資産
現金及び預金	×××	×××	×××	×××	現金及び現金同等物
受取手形及び売掛金	×××	×××	×××	×××	売掛金及びその他の短期債権

3. プロセス及びシステムの評価

【「第5節　導入」の構成】

1. アカウンティングポリシーの完成・配布
2. IFRS調整仕訳の作成
3. プロセス及びシステムの評価　←本項の内容
4. 開示する書類の紹介

　プロセスやシステムの変更の必要性やその対応方針については前節までで説明しましたが、導入期においては、これらが意図した通りに運用されているかを確かめる必要があります。

[1] 業務プロセスの見直しに伴う内部統制の運用評価

　業務プロセスに係る内部統制の運用状況は、一定期間にわたって実際の業務が規程などの取り決めに従って行われているかどうか、という観点で評価されます。IFRSの導入は、その影響が財務諸表の広範な領域に及ぶことから、業務プロセスの見直しが必要になります。同時に見直された業務プロセスについては、見直された後の統制が意図したとおりに有効に運用されていることを確認する必要があります。

① 業務プロセスの見直し

　棚卸資産の原価の配分方法を例にすると、IFRSの導入に伴い原価配分を見直した場合には、変更後の配分方法を適切に計算するための業務プロセスが意図したとおりに有効に運用されていることを評価する必要があります。

② 業務プロセスの増減

　評価対象とすべき業務プロセスが増減する可能性もあります。例えば、IFRSで要求される有給休暇引当金を計上することは、追加検討プロセスとな

ります。一方で、修繕引当金はIFRSでは容認されていないため、これに係る業務プロセスの運用評価は不要となります。業務プロセスが新たに加わった場合には、新しい業務プロセスが意図した通りに有効に運用されていることを評価する必要があります。

[2]システム改修を行ったことにより得られる情報の適切性

システム構築作業（システム設計、プログラミング、テストなど）はITベンダー等が実施することになるとしても、システム改修を行ったことにより得られる情報が、IFRS財務諸表を作成する上で適切かどうかについては、自社で確認する必要があります。

一般的には、新システムを本稼働させる前に、以下のような作業を行います。

NO.	作業内容（サンプル）	
	概　要	詳　細
1	IFRS要件定義と設計内容の整合性確認	IFRS財務諸表作成のための情報収集の要件定義内容に基づいてシステム設計内容に誤りが無いかの確認
2	ユーザ受入テスト（IFRS要件の確認テスト）	ユーザ受入テスト 仕様書作成、実施・確認、エラー結果の整理と報告、エラー対応協議と合意
3	変更対応、課題対応	●IFRS要件が変更となった際のシステム開発内容の変更対応 ●IFRSに関して課題とされた事項の対応

4. 開示する書類の紹介

【「第5節 導入」の構成】

1. アカウンティングポリシーの完成・配布
   ↓
2. IFRS調整仕訳の作成
   ↓
3. プロセス及びシステムの評価
   ↓
4. 開示する書類の紹介　　←本項の内容

　IFRSを適用する会社で作成する主な書類を以下で紹介いたします。全ての書類においてIFRSを用いた作成が認められているため、内容は日本基準により作成した場合と異なりますが、書類名については日本基準により作成した場合と同様になります。

[1] 作成すべき書類
① 決算短信
　決算短信は、上場会社において東京証券取引所の要請により作成が求められている書類です。有価証券報告書や四半期報告書の速報としての位置づけにあり、IFRSを完全適用した場合に比して開示要求事項が少なくなります。このため、企業としてどの項目を開示するかという意思決定を事前に行うことが必要となります。
　なお、決算説明会の説明資料も同時に作成することが一般的ですので、決算短信において開示する項目については他の外部公表資料との整合性なども意識しながら決めていくことが有用です。
② （連結）計算書類
　（連結）計算書類は、会社法において各会社で定めた決算ごとに作成が求められている書類であり、主たる報告対象者は株式会社の株主となります。連結

計算書類は、有価証券報告書を提出する大会社に作成義務があるほか、会計監査人設置会社は、任意で連結計算書類を作成することができます。

なお、有価証券報告書における連結財務諸表をIFRSに従って作成できるとされた株式会社は、会社法における連結計算書類もIFRSに従って作成することができます。

なお、IFRSを適用した計算書類を作成する場合には、注記の省略可能規定が設けられている一方で、日本の会社計算規則に基づく注記要求は継続されることになります。

このため、事前にどういった項目を開示するかということについて検討を行うことが必要です。

③ **有価証券報告書**

有価証券報告書は、金融商品取引法で作成が求められており、EDINETなどを通じて多数の利害関係者が閲覧することが可能な書類です。

なお、決算短信や連結計算書類のように省略可能規程はなく、フルセットでのIFRSの適用が必要となります。

④ **四半期報告書**

四半期報告書は、金融商品取引法で作成が求められており、各会社の四半期ごとに作成が求められている書類です。途中経過としての位置づけであるため、1年の最終結果としての位置づけである有価証券報告書と比べると記載すべき事項は抑えられています。

なお、開示事項はIAS第34号「期中財務報告」に従うこととなります。

[2] 決算スケジュールの策定

① **決算スケジュール策定の必要性**

近年では利害関係者の期待や会社内部での要請といった諸要因により、決算早期化を図る会社が増加しています。

一方、IFRSの採用を行った場合、IFRSに対する知識不足による歩留りや、開示の拡充に伴う情報入手の増加など、決算作業に係る時間が増加することが

見込まれます。

このような条件の下で、決算早期化の要請とIFRSによる開示の拡充の要請の両方を満たすためにも、IFRSの導入前にある程度、決算スケジュールの策定を見込んでおくことが望まれます。

② **IFRS導入の公表時期（取締役会などの正式決定時期）、IFRS予算の発表方法**

IFRS導入の公表時期については特に規定はありません。したがって各会社の政策、内部のスケジュールによって決定することとなります。業績予想のIFRSへの切り替えについても決まりはなく、例えば以下のような事例がありました。

（1）IFRSによる有価証券報告書の公表開始年度末の決算短信公表時
（2）IFRSによる有価証券報告書の公表開始年度の1Q決算短信公表時
（3）IFRSによる有価証券報告書の公表開始前年度末の日本基準の決算短信公表時

など

[3] IFRS連結財務諸表の開示のタイミング

① **最初のIFRS開示書類**

IFRS開示は、年度末から開始するケースと四半期から開始するケースに分けられ、最初の開示には以下の書類が含まれます。

1　年度末から開示

〈IFRSの開示項目〉
●連結財務諸表（2期分）
●前期期首の開始財政状態計算書
●持分（前期期首及び前期期末）、包括利益（前期）、キャッシュ・フロー計算書（重要な調整）（前期）に関する日本基準との調整表
〈日本基準の開示項目（監査対象外）〉
●本表（要約版）及び会計方針の変更（2期分）
●日本基準とIFRSの差異に関する説明（2期分）

2　四半期から開示

〈IFRSの開示項目〉
●四半期連結財務諸表（2期分）（ただし、前期分の財政状態計算書も含む）
●持分（前期四半期末、前期期首及び前期期末）、包括利益（前四半期及び前期）、キャッシュ・フロー計算書（前期）に関する日本基準との調整表
●なお、従来は第1四半期からの開示のみ認められていたが、連結財務諸表規則等の改正（2013.10）により、各四半期から開示することが可能

② アニュアルレポートへの対応

　日本基準における必要書類ではありませんが、企業がIR（インベスター・リレーションズ）の一環として作成する書類としてアニュアルレポートという書類があります。

　アニュアルレポートは、各企業が自主的に作成する書類であるため決まった形式は無く、会社によって記載内容もさまざまなものが記載されます。ただし、アニュアルレポートのコンテンツとして記載する財務情報については、有価証券報告書や計算書類に記載する財政状態計算書や損益計算書を利用することが一般的であると思われます。

　そのため、有価証券報告書や計算書類の作成の際には、アニュアルレポートの作成まで視野に入れて作成を行うことが理想的です。

社長「長いプロジェクトだったけど、無事、当初の計画通り3年でIFRSを導入することができたな！　これもすべて長沼君たちが頑張ってくれたおかげだ！　本当にありがとう！」

長沼「ありがとうございます。社長から各部署にIFRS導入の件を発信していただいたおかげで、プロジェクトへの参加や評価の際にスムーズな協力を受けることができました。しかしまだシステムの修正点や子会社の勉強会も継続して行いますので、引き続き対応していく予定です。」

社長「そうか。長沼君は本当に頼もしいな。よろしく頼むよ。」

長沼「承知しました。」

（後日）

新マネージャー「長沼部長、この案件についてお伺いしたいのですが……」

第6節　導入後の対応

IFRS の導入

（その後）　より良い状態を目指して…

IFRSが導入された後も、会社は適時開示書類を作成し続けていきます。このため、導入後においては、導入期までには手の届かなかった部分への対応など、拡充した開示書類の作成、適切な数値による業績管理など、継続した対応を図っていくことが必要です。

1.　IFRS適用範囲の拡充

[1] 対象範囲の拡充

IFRS導入は、まずは自社が対応可能な範囲に限定して行うことが実務的です。ただし、導入後には対象項目（勘定科目）や対象会社を広げることにより、精緻なIFRSを適用した財務諸表を作成することが望まれます。

一部限定的なIFRSの適用は、その適用範囲と適用範囲外で異なるモノサシをもつことになりますので、全社統一的な会計基準の適用を目指すことが、業績管理などの観点から企業経営をサポートすることになります。

[2] 新基準対応

現在、大きな新基準としてIFRS第15号「顧客との契約から生じる収益」、IFRS第9号「金融商品」の強制適用を控えています。これらの基準は旧基準と比較した時の影響を調査し、適用に備える必要があります。

2. 開示精度の向上

[1]対象範囲の拡充

　IFRSにも重要性の一般原則があるため、要求事項に比して開示しない項目がでてきます。これは費用対効果の観点から開示を省略している場合もありますので、よりIFRSの要求事項に応じることにより比較可能性の確保や、IFRSの趣旨を全うするなど、財務諸表利用者にとって有用な情報が提供されることとなります。

執筆者一覧

新日本有限責任監査法人
　小売業セクターナレッジ
　IFRS分科会メンバー

永澤　宏一	芝山　喜久	衣川　清隆
片上真理子	長沼　徳宏	馬野隆一郎
馬場　翔太	吉田　一則	荒川みどり

執筆協力者

阿多　正伸	五百蔵由里	入倉　広大
香西　盛夫	小中　渉	駒田　亮
竹下　泰俊	田中はるか	田中　優
田野　尚	冨永　和正	永石　宏太
中川　夏望	西井　可南	古川　倫光
本田　哲郎	馬橋　秀弥	水田　雄希
南瑛　一郎	森畑　誠一	山岡　裕子
吉川　寛文	渡邉　峰子	

（50音順）

EY | Assurance | Tax | Transactions | Advisory

新日本有限責任監査法人について

新日本有限責任監査法人は、EYメンバーファームです。全国に拠点を持つ日本最大級の監査法人業界のリーダーです。監査および保証業務をはじめ、各種財務アドバイザリーの分野で高品質なサービスを提供しています。EYグローバルネットワークを通じ、日本を取り巻く経済活動の基盤に信頼をもたらし、より良い社会の構築に貢献します。詳しくは、www.shinnihon.or.jpをご覧ください。

EYについて

EYは、アシュアランス、税務、トランザクションおよびアドバイザリーなどの分野における世界的なリーダーです。私たちの深い洞察と高品質なサービスは、世界中の資本市場や経済活動に信頼をもたらします。私たちはさまざまなステークホルダーの期待に応えるチームを率いるリーダーを生み出していきます。そうすることで、構成員、クライアント、そして地域社会のために、より良い社会の構築に貢献します。

EYとは、アーンスト・アンド・ヤング・グローバル・リミテッドのグローバルネットワークであり、単体、もしくは複数のメンバーファームを指し、各メンバーファームは法的に独立した組織です。アーンスト・アンド・ヤング・グローバル・リミテッドは、英国の保証有限責任会社であり、顧客サービスは提供していません。詳しくは、ey.comをご覧ください。

本書は一般的な参考情報の提供のみを目的に作成されており、会計、税務およびその他の専門的なアドバイスを行うものではありません。新日本有限責任監査法人および他のEYメンバーファームは、皆様が本書を利用したことにより被ったいかなる損害についても、一切の責任を負いません。具体的なアドバイスが必要な場合は、個別に専門家にご相談ください。

© 2015 Ernst & Young ShinNihon LLC.
All Rights Reserved.

小売業のための 基礎からわかる IFRS のポイント

2015年12月18日　発行

編　者　新日本有限責任監査法人
　　　　小売セクターナレッジ　IFRS 分科会 ©

発行者　小泉　定裕

発行所　株式会社 清文社
　　　　東京都千代田区内神田1-6-6（MIF ビル）
　　　　〒101-0047　電話03(6273)7946　FAX03(3518)0299
　　　　大阪市北区天神橋2丁目北2-6（大和南森町ビル）
　　　　〒530-0041　電話06(6135)4050　FAX06(6135)4059
　　　　URL http://www.skattsei.co.jp/

印刷：奥村印刷㈱

■著作権法により無断複写複製は禁止されています。落丁本・乱丁本はお取り替えします。
■本書の内容に関するお問い合わせは編集部まで FAX（03-3518-8864）でお願いします。

ISBN978-4-433-57525-0